公務員試験

畑中敦子の
地方上級・A日程

全国型　中部北陸型　関東型　政令市　6月実施大卒程度市役所

出る順　**数的処理**

判断推理　図　形　数的推理　資料解釈

畑中敦子 著

エクシア出版

はじめに

　主な大卒程度公務員試験の1次試験は、例年4月〜6月に行われますが、メジャーな試験でその最後（例年6月第4日曜日）に行われるのが、地方上級（県庁や政令指定都市など）と市役所A日程（以下「地方上級・A日程」とします）の試験です。

　多くの受験生の方が、この試験を受験するわけで、第一志望としている方も少なくないでしょう。

　そして、この地方上級・A日程は、ほとんどの自治体で、例年、共通の問題が出題されています。数的処理の問題ですが、国家や東京都などの試験と比べると、割と易しい問題が多いものの、やや変わった問題が多いという特徴があります。

　なので、きちんと勉強してきた方であれば、落ち着いて解けば普通に解ける問題なのですが、やや変わっているために本番で失敗するケースも少なくありません。

　ですから、なるべく多くの過去問を経験して対策を立てることが大切で、これによって、高得点を十分狙える試験といえます。

　そうすると、当然、過去問をはじめとする試験情報が必要になるわけですが、地方上級・A日程の試験は、試験問題の持ち帰りが認められていないため、国家や東京都の試験と比べて対策が立てにくいのが現状です。

　本書は、情報を必要とする受験生のために、過去10年にわたる受験生の情報をもとに過去問を復元、傾向分析し、出題数の多い順に整理しました。地方上級・A日程の数的処理に特化した唯一の問題集として、受験生の皆さんのお役に立てると自信を持って言えます。

　本書を手にされた皆さんが、地方上級・A日程の本番で実力を発揮し、合格を勝ち取られるよう、心より応援しております。

2020年3月

1

目 次

第1部 判断推理

図 形 第2部

数的推理　第3部

第4部　資料解釈

本書の使い方

頻出度
各科目の過去 10 年間の出題数（p.9 出題項目表参照）
1 位〜 3 位はこの項目！
※出題数が同数の場合は過去 3 年間の出題数が多い方を上位とします

出題年度
同じ項目の問題は、
新しい順に掲載

No.
72

頻出度 第**1**位

整数

2017 年度

2 桁の正の整数 A，B，C，D（A＜B＜C＜D）があり、4 個のうち 3 個は奇数で、1 個は偶数である。A〜D から 2 個を選んで足し合わせた数は全部で 6 個あり、互いに異なっている。これら 6 個の数を小さい方から順に 4 つ並べると、43，46，50，55 となる。このとき、D の各位の和はいくらか。

1 6   2 7   3 8   4 9   5 10

この問題は…
ちょっとヘン

出題項目
過去 10 年間の出題数
の多い順に掲載

解説

6 個の数のうち最小の 43 は、A〜D のうち小さいほうから 2 個の和である「A＋B」となります。43 は奇数ですから、A，B の一方が偶数でもう一方が奇数になりますね。すなわち、1 個しかない偶数は A，B のいずれかで、C，D は奇数とわかります。

次に、6 個の数のうち 2 番目に小さい 46 を考えます。「A＋B」の次に小さくなるのは、この 2 数のうち大きいほうの B と、残る 2 数のうち小さいほうの C をチェンジした「A＋C」ですね。46 は偶数ですから A，C は奇数で、偶数は B とわかります。

次に、6 個の数のうち大きいほうの 2 個は与えられていませんが、小さいほうの数と同様に考えると、最大の数は「C＋D」、2 番目に大きい数は「B＋D」となります。そうすると、残る 50 と 55 は「A＋D」と「B＋C」のいずれかですが、偶数は B だけですから、「A＋D」は偶数の 50、「B＋C」は奇数の 55 とわかります。

これより、A〜D は次のように求められます。

A＋B＝43 …①   A＋C＝46 …②
A＋D＝50 …③   B＋C＝55 …④

①＋②−④より、A＋B＋A＋C−（B＋C）＝43＋46−55
A＋B＋A＋C−B−C＝34
2A＝34 ∴A＝17
①〜③に A＝17 を代入して、B＝26，C＝29，D＝33

偶数＋偶数＝偶数
奇数＋奇数＝偶数
偶数＋奇数＝奇数

ここが POINT
「A＋B」以外でなるべく小さくなるように考えるんですね。

問題
非公開の本試験問題を独自で復元した貴重な問題！
※本試験を受験された方の情報をもとに復元したもので、表現
　などは実際の問題と異なる場合があります。

よって、Dは33で、各位の和は3＋3＝6となり、正解は肢1です。

正解　1

問題のフツー度
一般的な問題と比較して、「すごくフツー」「わり
とフツー」「ちょっとヘン」「かなりヘン」の4つ
に分類！
※変な問題の学習効果はあまり高くないので、「かなり
　ヘン」の問題は、解説を理解することにそれほど拘
　る必要はありません。「ふーん」くらいで十分です。

第3部　数的推理

解説中の補足やポイント
必要な公式などもここで
check！

183

科目別出題傾向
過去10年間のデータ徹底分析

※2020年3月時点

数的処理の出題数

　全国型の出題数は、例年、判断推理５問、図形（空間把握・計量問題）５問、数的推理５問、資料解釈１問の計16問でしたが、2019年には数的推理が１問増えて計17問となっています。

　中部北陸型は、例年、全国型と同じです。また、関東型及び市役所Ａ日程は、例年12〜14問の出題で、ほとんどは全国型との共通問題ですが、独自の問題が２〜３問含まれることもあるようです。

　以下、基準となる全国型の出題傾向をご案内します。

判断推理の出題傾向

　例年５問（空間把握除く）の出題で、９ページの表からわかるように、出題数ベスト３は対応関係、推理、位置関係となります。

　出題数第１位の「対応関係」は、ほとんどの年で出題されており、2019年には２問の出題がありました。中には、No.6（本編掲載番号）のようなやや変わった問題もありますが、最近は、一般的な対応表に整理する問題が多く、複雑な要素はほとんどありません。

　出題数第２位の「推理」は、割と個性的というか、「ちょっとヘン」な問題が多く、この試験の特徴がよく表れています。難易度にやや幅があり、多少面倒な問題（No.9など）もありますが、見た目よりずっと易しい問題（No.10など）も多いです。どの試験もそうですが、この「推理」の問題は、「初めて見る問題」という印象が強く、敬遠されがちです。しかし、一般に見た目ほど難しくないことが多く、特にこの試験ではその傾向が強いといえるでしょう。

　出題数第３位の「位置関係」も、やや変わった問題が多く、結構面倒なもの（No.18など）も出題されています。本書で傾向と特徴を捉えてください。

　その他では、「論理」もよく出題されており、難しくはありませんが、少し考えさせる問題が多いようです。

　また、「順序関係」「試合」「真偽」なども、典型的なタイプの問題は少なく、いず

れも少し変わっている印象を受けるかと思いますが、さほど難易度は高くありません。

「暗号」や、「操作手順」（公式を使って解くタイプ）の出題は、過去20年以上にわたって出題は確認されておりません。

図形の出題傾向

判断推理の図形分野である空間把握と、数的推理の図形分野である計量問題で、合わせて5問出題されています。例年、空間把握4問、計量問題1問の出題でしたが、最近では、計量的要素を含む問題（微妙な問題）も合わせて、計量問題が2問出題されることもあります。

計量問題は、他の試験では平面図形が主流ですが、この試験では立体図形のほうが多く、図形全体でも、「立体図形の計量」が出題数第1位です。立体、平面とも、計量問題の難易度は高くはないのですが、けっこう変わった問題も出題されています。

空間把握では、「パズル」と「軌跡」が出題数第2, 3位で、典型的な問題もたまにありますが、やはり変わった問題が主流です。

出題数第4位の「図形の推理」というのは、判断推理の「推理」と同様、他のどのカテゴリにも入らない個性的な図形の問題です。本書の掲載問題（No.48～51）をご覧頂ければわかると思いますが、問題文の意味を理解するのにやや時間はかかるもの、それさえできれば簡単な問題がほとんどです。

図形は、全体的にけっこう変わった問題が多いですが、「展開図」「投影図」「切断」「積み木」などでは、典型的な問題も多く出題されています。

数的推理の出題傾向

例年5問（計量問題除く）の出題で、出題数第1位の「整数」は、9ページの表でわかるように、ダントツの出題数を誇っています。以前は、5問中の3問が「整

数」の問題ということもよくありましたが、最近は、1～2問で安定しているようです。内容は、約数・倍数の問題、余りに関する問題、数式の問題、応用的な文章問題など多岐にわたりますが、割と普通の問題が多く、変わった問題はほとんどありません。また、難易度もさほど高くなく、得意な方なら1～2分で解けるような問題も多いですが、苦手な方にとっては、このタイプの問題は鬼門となるかもしれません。

　出題数第2位は、「速さ」の問題で、やはり基本的な問題が中心です。難易度も低めなので、ここは苦手な方でも得点源として頂きたいところです。

　その他では、色々な問題がまんべんなく出題されており、中には少し変わった問題もありますが、難易度は高くありません。一般的に頻出分野である「場合の数」「確率」の出題は少なめですが、最近増えていますので要注意です。

資料解釈の出題傾向

　例年、グラフ1問の出題で、一般的なグラフが中心ですが、やや変わったグラフの場合もあります。面倒な計算が必要になることはほとんどありませんが、グラフからわかることについて考えさせるなど、出題者の意図が感じられる良問が多いです。

　また、出題形式にも特徴があり、以前は、五肢から正しくいえる内容を選ぶという一般的な形式ではなく、正誤の組合せや穴埋め（選択）などを採用していました。

　ただ、最近はグラフの内容も平凡になってきており、2019年には出題形式も一般的な五肢タイプでしたので、今後については何ともいえません。

		2019年	2018年	2017年	2016年	2015年	2014年	2013年	2012年	2011年	2010年	計
判断推理	対応関係	2	1	1	1	1	1		1	1		9
	推理	1	1	1		1				2	2	8
	位置関係	1	1			1	1	1	1	1	1	8
	論理		1	1	1	1	1		1	1		7
	数量条件からの推理			1	2	1		1				5
	順序関係			1	1				1		1	4
	試合						1	1				3
	発言からの推理								1	1		2
	真偽	1									1	2
	操作手順						1	1				2
図形	立体図形の計量	2	1	1		1			1	1	1	8
	パズル	1	1	1	1				1	1	1	7
	軌跡	1		1	1		1		1			5
	図形の推理						1	1		2		4
	平面図形の計量		1			1	1	1				4
	展開図	1		1		1				1		4
	投影図		1					1	1			3
	立体の切断		1		1				1			3
	位相				1	1					1	3
	積み木			1			1					2
	折り紙								1	1		2
	図形の構成						1	1				2
	サイコロ				1						1	2
	円の回転										1	1
数的推理	整数	2	1	1	1	2	3	3	1	3	3	20
	速さ	1	1	1	1	1			1	1	1	8
	比と割合						2	1		1		4
	確率	1	1						1			3
	濃度	1		1								2
	利益算						1		1			2
	場合の数			1	1							2
	数列								1		1	2
	魔方陣				1				1			2
	年齢算	1										1
	平均算		1									1
	剰余系			1								1
	仕事算						1					1
	時計算				1							1
	その他の文章問題		1									1
資料解釈	グラフ	1	1	1	1	1	1	1	1	1	1	10
計		17	16	16	16	16	16	16	16	16	16	161

※項目の分類は著者の基準によるもので、他社の情報と異なる場合があります。

最新の傾向に変化あり！

過去 3 年間の傾向徹底分析

※2020年3月時点

2019 年度より 1 問増加

　自治体によって多少異なりますが、地方上級「全国型」の最も標準的な出題数は 50 問（150 分）です。そのうち数的処理は No.35 〜 50 の 16 問で、内訳は、判断推理 5 問、図形（空間把握及び計量問題）5 問、数的推理 5 問、資料解釈 1 問でした。

　しかし、2019 年は数的推理が 1 問増えて全部で 17 問になり、代わりに、それまで 1 問あった古文の出題がなくなりました。

　公務員試験全般的に知能分野重視の傾向にありますので、この出題数は 1 年限りではなく、今後も続く可能性が高いと思われます。

全体的に易化傾向でフツーの問題に近づいている

　ここ数年、易化傾向にあり、さらに、変わった問題が減って、普通の問題が多くなっています。

　たとえば、判断推理では、以前は、表の書き方を工夫するとか、条件をどのようにまとめるか考えさせる問題が主流でしたが、最近は割とパターン通りに解ける問題が多くなっています。

　また、数的推理でも、複雑な文章問題や過程を考えさせる問題などが減り、シンプルな問題が多く出題されています。

　資料解釈も、8 ページで記したように、2019 年には、内容、形式とも平凡な出題になっています。

　すなわち、全体的に、地方上級・A 日程の個性が薄くなり、他試験の傾向と近くなっていますので、対策は立てやすくなったといえるでしょう。

図形の傾向は他の試験とはちょっと異なる

　全体的には変わった問題が減っている傾向にありますが、図形だけは未だに「見たことのない」問題が健在です。

　しかし、「見たことない≠難しい」で、きちんと勉強していれば、普通に考えれば解ける問題ばかりですから、焦らずにリラックスして向き合って下さい。

　図形の中でも特に変わっている「図形の推理」（No.48 ～ 51）も、最近は出題されていませんし、時間がかかる面倒な問題も最近は減っているといっていいでしょう。

　ただ、見た目が普通の問題でも、ちょっと変わっていることもありますので、注意は必要です。

「確率」の出題が増えている

　数的推理で出題される「場合の数」と「確率」の問題は、国家（総合職，一般職，専門職）や裁判所、東京都などではほぼ毎年、年度によっては2問以上出題される最頻出項目なのですが、地方上級・A日程ではこれまであまり出題がなく、5 ～ 6年に1問程度でした。

　しかし、次ページの表でもわかるように、2017年～ 2019年は毎年いずれかが出題されており、特に2018年，2019年と、2年連続で「確率」が出題されています。

　また、その内容にも変化があり、以前に出題されていた「確率」の問題は、けっこう個性的なものが多かった（No.92 参照）のですが、2018年（No.91），2019年（No.90）は、かなり普通の、しかも、大変易しい問題が出題されています。これほど易しい問題が今後も出題されるかはわかりませんが、「場合の数」や「確率」の出題数が増える方向にあるのは確かかと思われます。

■ 2019年全国型出題項目

出題 No.	科目	出題項目	本書掲載ページ
No.34	判断推理	真偽	P.85　No.31
No.35	判断推理	位置関係	P.52　No.15
No.36	判断推理	対応関係	P.18　No.1
No.37	判断推理	対応関係	P.21　No.2
No.38	判断推理	推理	P.36　No.8
No.39	図　形	パズル	P.106　No.40
No.40	図　形	軌跡	P.116　No.44
No.41	図　形	展開図	P.139　No.54
No.42	図　形	立体図形の計量	P.96　No.35
No.43	図　形	立体図形の計量	P.98　No.36
No.44	数的推理	確率	P.211　No.90
No.45	数的推理	整数	P.179　No.70
No.46	数的推理	整数	P.178　No.69
No.47	数的推理	濃度	P.216　No.93
No.48	数的推理	年齢算	P.228　No.99
No.49	数的推理	速さ	P.200　No.82
No.50	資料解釈	実数と割合のグラフ	P.236　No.103

■2018 年，2017 年全国型出題項目

出題 No.	科目	2018 年		2017 年	
		出題項目	掲載ページ	出題項目	掲載ページ
No.35	判断推理	論理	P.65　No.20	論理	P.67　No.21
No.36	判断推理	位置関係	P.54　No.16	順序関係	P.73　No.25
No.37	判断推理	対応関係	P.23　No.3	数量条件からの推理	P.71　No.24
No.38	判断推理	試合	P.77　No.27	対応関係	P.25　No.4
No.39	判断推理	推理	P.38　No.9	推理	P.41　No.10
No.40	図　形	パズル	P.109　No.41	パズル	P.111　No.42
No.41	図　形	平面図形の計量	P.135　No.52	軌跡	P.118　No.45
No.42	図　形	立体図形の計量	P.100　No.37	展開図	P.142　No.55
No.43	図　形	投影図	P.144　No.56	積み木	P.160　No.62
No.44	図　形	立体の切断	P.152　No.59	立体図形の計量	P.102　No.38
No.45	数的推理	確率	P.212　No.91	場合の数	P.221　No.96
No.46	数的推理	その他の文章問題	P.232　No.102	整数	P.182　No.72
No.47	数的推理	整数	P.181　No.71	剰余系	P.231　No.101
No.48	数的推理	速さ	P.201　No.83	濃度	P.218　No.94
No.49	数的推理	平均算	P.229　No.100	速さ	P.202　No.84
No.50	資料解釈	実数と増加率のグラフ	P.238　No.104	増加率のグラフ	P.240　No.105

地方上級・Ａ日程　数的処理は満点が狙える！

　地方上級・Ａ日程の数的処理は十分満点が狙えます。

　数的処理は、時間さえあればたいていの問題は解けるかと思われますが、制限時間内で全ての問題を解くのは難しく、満点はなかなか取れないというのが現実です。

　ですが、地方上級・Ａ日程の数的処理は、時間内で全ての問題に対処することが可能です。理由は主に以下の３つになります。

1.　とにかく問題が易しい！

　国家一般職や東京都など、他の大卒程度公務員試験と比べると、地方上級・Ａ日程の問題は以前からやや易しめでした。

　しかし、中には面倒な作業を要する問題もあり、そこで時間を取られることも多々ありましたが、最近はそのような面倒な問題がほぼ皆無となり、また、易化傾向もさらに進んでいます。

2.　ヘンな問題が減ってきた！

　地方上級・Ａ日程の数的処理の問題は、易しいですが少し変な問題が多く、冷静に考えると解ける問題でも、気持ちの焦りや不安から失敗したりすることもあったかと思います。

　しかし、何度も言うように、最近ではそのような変わった問題が減っている傾向にあり、特に判断推理は、以前はほとんどなかったセオリー通りの解法で解ける問題が多くなっています。つまり、「どうやって解こうか？」と悩む時間が少なくなったといっていいでしょう。また、図形については、未だに変わった問題が多いですが、普通に考えて解ける問題ばかりですし、以前と比べると、あまり時間のかからない問題が多いかと思われます。

3.　資料解釈が１問しか出ない！

　数的処理で最も「時間が足りない！」と思うのは、資料解釈でしょう。時間と電卓さえあれば、全員が満点取れますからね。ですから、数的処理の時間配分は資料解釈をどうするかが重要になってくるわけですが、地方上級・Ａ日程の試験は、この資料解釈が１問しか出ません。さらに、その１問も計算はほとんど必要のない問題でさほど時間はかかりません。つまり、資料解釈で時間がとられる心配がないわけです。

　ただし、出題数などは自治体により例外もありますので注意してください。

満点とるぞ☆大作戦！ 時間配分の計画を立てる！

　地方上級・Ａ日程の数的処理は、他の試験と比べて時間がかからないことは前述のとおりですが、それでも、本番は時間との戦いですから、しっかり計画を立てていかねばなりません。ここでは、教養試験の時間配分の一例をご紹介します。

　ただし、個人差がありますので、参考程度に読んでください。

1．初めに「一般知識」を片付ける

　どの試験もそうですが、最も時間がかからないのは一般知識です。

　自治体によっては、一般知能（文章理解・数的処理）が前に配列されている試験もありますが、まずは一般知識から片付けます。

　目安は1問1分です。これは普段の勉強で訓練しておきましょう。20〜30分以内で解答して、振り返らないようにします。

2．数的処理に半分の時間を充てる

　一般知識を片付けたら、文章理解と数的処理の得意な方を先に解きましょう。文章理解も1問5分以内で解けるよう訓練してください。

　一般知識と文章理解の解答時間を除いて、全体の半分＋10分を残せるよう配分します。つまり、最後に10分を残すとして、全体の半分の時間を数的処理に充てることができるようにするわけです。

3．時間のかからない問題から解く

　50問で解答時間150分の場合、半分の75分で数的処理17問を解くことになります。40問120分の試験であれば、12〜14問を60分で解きます。そうすると、1問あたり平均解答時間はおよそ4分半です。判断推理や資料解釈は割と時間がかかりますから、一般に時間のかからない数的推理から始めたほうがいいでしょう。その後に図形、最後に判断推理と解くのが時間を有効に使えるかと思います。資料解釈は1問ですから、どこか適当なところで解けばいいです。

　もし、時間内ですべての問題を解けそうにないときは、解く問題を選んでしっかり解き、パスする問題に時間をかけないようにしましょう。

4．最後に10分残す

　見直しの時間です。ここで思い出せることや閃くこともあるかもしれません。ただ、最初の解答に迷いが生じた場合は、一般に、最初のほうが正しかったというケースが多いようです。後悔のないよう頑張ってください！

第1部

判断推理

　ある店には、A～Fの6人のアルバイトが勤務しており、ある週の月曜日から金曜日の勤務状況は以下のようであった。ここから正しくいえるのはどれか。

ア　いずれの日も3人が勤務した。

イ　AとBは、勤務した日も勤務しなかった日も同じであり、月曜日は勤務しなかった。

ウ　Cは3日間勤務し、金曜日は勤務した。

エ　Dは、Eが勤務した日は勤務しており、また、Fが勤務した日も勤務していた。

オ　EとFがともに勤務したのは1日だけで、この日の他にEが勤務したのは水曜日のみで、Fが勤務したのは木曜日のみであった。

1　Aが勤務したのは1日だけであった。

2　Bは木曜日に勤務した。

3　Cは火曜日に勤務した。

4　Dは火曜日に勤務した。

5　Eは金曜日に勤務した。

この問題は…

5ページ参照 ➡　すごくフツー

　A～Fの6人と月曜日～金曜日で、対応表を作成します。条件からすぐにわかるところを記入して表1にようになります。

表1

	月	火	水	木	金	計
A	×					
B	×					
C					○	3
D						
E			○			
F				○		
計	3	3	3	3	3	15

　条件エより、水曜日と木曜日はDも勤務しています。また、条件オより、E
とFは、月，火，金のいずれか1日はともに〇で、あとの2日はともに×が記
入されますが、月曜日が2人とも×だとすると、この日に勤務しているのが3
人になりませんので、EとFがともに〇なのは月曜日で、条件エより、月曜日
のDにも〇、残るCには×が入ります。EとFが勤務したのは、月曜日を含め
て2日間だけですから、他の日には×を記入して表2のようになります。

表2

	月	火	水	木	金	計
A	×					
B	×					
C	×				〇	3
D	〇		〇	〇		
E	〇	×	〇	×	×	2
F	〇	×	×	〇	×	2
計	3	3	3	3	3	15

　ここで、条件イより、<u>AとBが勤務した日</u>を考える
と、水曜日と木曜日は既に〇が2つ入っていますから、
AとBがともに〇だと4人が勤務することになります

> AとBはともに〇
> か、ともに×ですね。

ので、この日はともに×で、残るCに〇が入ります。同様に、火曜日と金曜日
は既に×が2つ入っていますから、AとBはともに〇で、金曜日のDに×が入
ります。
　また、Cが勤務した3日間は水，木，金とわかりましたので、火曜日は勤務
していませんから、残るDが火曜日に勤務したとわかり、次ページ表3のよう
に決まります。

表3

	月	火	水	木	金	計
A	×	○	×	×	○	2
B	×	○	×	×	○	2
C	×	×	○	○	○	3
D	○	○	○	○	×	4
E	○	×	○	×	×	2
F	○	×	×	○	×	2
計	3	3	3	3	3	15

これより、選択肢を検討すると、正解は肢4となります。

正解 ▶ 4

No. 2 対応関係

　A～Fの6人が、それぞれプレゼントを1つずつ持ち寄って交換した。これについて次のことが分かっているとき、正しくいえるのはどれか。

ア　A～Fはいずれもプレゼントを1つずつ他の人からもらい、もらった相手にプレゼントを渡すことはなかった。
イ　AはEにプレゼントを渡した。
ウ　BはCにプレゼントを渡した。
エ　Cがプレゼントを渡した相手は、Dではなかった。
オ　Eがプレゼントを渡した相手は、DでもFでもなかった。

1　CはAにプレゼントを渡した。
2　DはEにプレゼントを渡した。
3　Dがプレゼントを渡した相手は、Bにプレゼントを渡した。
4　Eがプレゼントを渡した相手は、Fにプレゼントを渡した。
5　Fがプレゼントを渡した相手は、Aにプレゼントを渡した。

この問題は…
すごくフツー

　A～Fの6人で、プレゼントを渡した人ともらった人で対応表を作成します。条件アより、表の縦，横とも○は1つずつですから、○が1つ入ったら同じ列や行の他の欄には×を記入していきましょう。条件イ～オを記入して表1のようになりますね。

表1

		\multicolumn{6}{c} もらった人

		A	B	C	D	E	F
渡した人	A		×	×	×	○	×
	B	×		○	×	×	×
	C				×	×	
	D			×		×	
	E			×	×		×
	F			×		×	

自分には渡さないので、対角線を引いておきます。

条件アより、AはEからもらっていませんし、BもCからもらっていません
ので、それぞれ×を記入します。

　また、表1より、DはFからもらったとわかりますので、DはFに渡してい
ませんね。ここまでを記入して表2のようになります。

表2

		もらった人					
		A	B	C	D	E	F
渡した人	A		×	×	×	○	×
	B	×		○	×	×	×
	C		×			×	×
	D			×		×	×
	E	×		×	×		×
	F	×	×	×	○	×	

　表2より、Fがもらった相手はC、Eが渡した相手はBで、ここから、Dが
渡した相手はAとわかり、表3のように完成します。

表3

		もらった人					
		A	B	C	D	E	F
渡した人	A		×	×	×	○	×
	B	×		○	×	×	×
	C	×	×			×	○
	D	○	×	×		×	×
	E	×	○	×	×		×
	F	×	×	×	○	×	

　これより、選択肢を検討すると、正解は肢5となります。

正解 ▶ 5

頻出度 第1位 **対応関係**

2018 年度

　ある会社では、8 月 10 日～ 22 日の間に、A～Cの 3 人の社員が 3 日連続の勤務を 2 回行って、それぞれ計 6 日勤務した。次のことが分かっているとき、ここから確実にいえるのはどれか。

ア　各人とも、2 回の 3 日連続勤務の間には少なくとも 1 日空いていた。
イ　表のように、8 月 15 日はAもBも勤務した。AもBも勤務したのはこの日だけで、この日、Aは 2 度目の 3 日連続勤務であった。
ウ　8 月 10 日は 1 人だけ勤務した。
エ　BもCも勤務したのは 2 日だけであった。
オ　3 人のいずれも勤務しなかった日は 2 日あり、その 2 日は連続していなかった。

（○：勤務）

	8/10	11	12	13	14	15	16	17	18	19	20	21	22
A						○							
B						○							
C													

1　8 月 13 日は 1 人だけが勤務した。
2　8 月 16 日は 1 人だけが勤務した。
3　8 月 18 日は 1 人だけが勤務した。
4　Bだけが勤務した日は 4 日あった。
5　Cだけが勤務した日は 1 日あった。

この問題は…
わりとフツー

　条件イより、AとBが 15 日を含めて 3 日勤務したのは、13 ～ 15 日と15 ～ 17 日のいずれかとなります。

　しかし、Aが 13 ～ 15 日の場合、Aはこれが 2 度目の勤務なので、1 度目は 10 ～ 12 日となり、条件アに反します。

　よって、Aは 15 ～ 17 日で、Bが 13 ～ 15 日となり、これを表に記入すると、条件ア，イより、Aの 13，14 日、18 ～ 22 日と、Bの 10 ～ 12 日、16，17 日に×が入ります。

これより、Ａの１度目の勤務は 10 〜 12 日となり、条件ウより、10 日はＡ
だけが勤務したとわかり、Ｃに×を記入し、表１のようになります。

表１

	8/10	11	12	13	14	15	16	17	18	19	20	21	22
A	○	○	○	×	×	○	○	○	×	×	×	×	×
B	×	×	×	○	○	○	×	×					
C	×												

　表１より、10 〜 17 日はいずれもＡ，Ｂのいずれかが勤務していますので、
条件オより、18 〜 22 日の５日間のうちで、３人のいずれも勤務しなかった日
が２日あることになります。
　しかし、その５日間のうちで、Ｂは２度目の勤務をしていますので、その２
日は連続していないことから 18 日と 22 日で、Ｂは 19 〜 21 日に勤務したと
わかります。
　そうすると、条件エより、Ｃは 19 〜 21 日の３日連続勤務はしていません
から、11 〜 17 日の７日間で２回勤務したことになり、条件アより、11 〜 13
日と 15 〜 17 日で、条件エを満たすことがわかります（表２）。

表２

	8/10	11	12	13	14	15	16	17	18	19	20	21	22
A	○	○	○	×	×	○	○	○	×	×	×	×	×
B	×	×	×	○	○	○	×	×	×	○	○	○	×
C	×	○	○	○	×	○	○	○	×	×	×	×	×

　これより、正解は肢４です。

正解　4

No.
4

A～Dは黒，紺，茶，白のうち一色のコートを着て、帽子，マフラー，手袋，耳当てのうちいずれか一つを身に着けている。4人のコートの色も身に着けている物も互いに異なっており、次のことが分かっているとき、正しいと言えるのはどれか。

ア　A，Cは紺のコート又は白のコートを着ている。
イ　Bは茶のコートを着ていない。
ウ　A，Bは手袋を身に着けていない。
エ　Dは帽子を身に着けている。
オ　耳当てを身に着けている者は、黒のコートを着ていない。
カ　手袋を身に着けている者は、白のコートを着ていない。

1　Aは紺のコートを着ている。
2　Bは耳当てを身に着けている。
3　マフラーを身に着けている者は、紺のコートを着ている。
4　手袋を身に着けている者は、黒のコートを着ている。
5　耳当てを身に着けている者は、白のコートを着ている。

この問題は…
すごくフツー

A～D、コートの色、身に着けている物の3項目で対応表を作成し、条件ア～エからわかることを記入すると、表1のようになります。

表1

	黒	紺	茶	白	帽子	マフ	手袋	耳当
A	×		×		×		×	
B			×		×		×	
C	×		×		×			
D					○	×	×	×

> Dの帽子に○を入れたら、縦，横の他の欄には×を入れてくださいね。

条件より、各人のコートの色、身に着けている物はいずれも1つずつ対応しますので、まず、茶のコートはDとわかり、Dの茶に○、他の色に×を記入す

ると、黒のBに○が入り、同様に他の色に×を記入します。

　さらに、手袋のCにも○が入り、他の物に×を記入して、表2のようになります。

表2

	黒	紺	茶	白	帽子	マフ	手袋	耳当
A	×		×		×		×	
B	○	×	×	×	×		×	
C	×		×		×	×	○	×
D	×	×	○	×	○	×	×	×

　そうすると、条件オより、黒のコートを着ているBの耳当てに×が入り、Bのマフラー、Aの耳当てに○が入ります。

　さらに、条件カより、手袋を身に着けているCの白に×が入り、Cの紺、Aの白に○が入り、表3のように完成します。

表3

	黒	紺	茶	白	帽子	マフ	手袋	耳当
A	×	×	×	○	×	×	×	○
B	○	×	×	×	×	○	×	×
C	×	○	×	×	×	×	○	×
D	×	×	○	×	○	×	×	×

　これより、選択肢を検討すると、正解は肢5とわかります。

正解　5

頻出度 第1位
対応関係

2014年度

　ある学習塾の夏期講習では、月曜日から金曜日の5日間に、国語，数学，英語，理科，社会のいずれかの授業が3時間ずつあり、時間割の一部は表のようである。次のことが分かっているとき、正しくいえるのはどれか。

ア　どの教科も1日1時間までである。
イ　国語の授業時間は4時間、社会の授業時間は3時間ある。
ウ　数学の授業時間は理科の授業時間より多く、理科の授業時間は英語の授業時間より多い。
エ　3日間連続して授業がある教科は2つあるが、4日間連続して授業がある教科はない。
オ　数学の授業はどの日も同じ時間に行われる。
カ　火曜日の2時間目と水曜日の1時間目は同じ教科の授業がある。

	月曜日	火曜日	水曜日	木曜日	金曜日
1時間目					
2時間目	社会		社会	国語	
3時間目					理科

1　月曜日の1時間目は国語の授業がある。
2　火曜日の3時間目は理科の授業がある。
3　水曜日の1時間目は数学の授業がある。
4　木曜日の3時間目は英語の授業がある。
5　金曜日の2時間目は社会の授業がある。

この問題は…
わりとフツー

　5日間の授業時間の合計は、3×5＝15（時間）です。
　条件イより、国語と社会で4＋3＝7（時間）ですから、残る3教科で、15－7＝8（時間）となりますね。
　そうすると、条件ウより、数学＞理科＞英語で、合計8時間の組合せを探すと、次の2通りが考えられます。

$$（数学，理科，英語）＝（5，2，1）…①$$
$$（4，3，1）…②$$

数学＝5のとき、残る3時間を、理科＞英語となるよう分けるには…と考えれば見つかりますよ。

しかし、①の場合は、数学が5日間連続してあることになり、条件エに反します。

よって、②に決まり、すべての教科の時間数がわかりましたね。

ここで、条件オより、数学の時間は1時間目または3時間目となりますが、3時間目の場合、月曜日から木曜日まで4日間連続することになり、やはり条件エに反します。

よって、数学は1時間目となり、条件カより、水曜日の1時間目は数学ではないので、月，火，木，金曜日とわかり、表1のように記入します。

火曜日の2時間目は数学ではありませんからね。

表1

	月曜日	火曜日	水曜日	木曜日	金曜日
1時間目	数学	数学		数学	数学
2時間目	社会		社会	国語	
3時間目					理科

ここで、条件カにある、火曜日の2時間目と水曜日の1時間目の教科を考えます。

条件アより、数学，社会ではなく、英語は1時間だけですから、この教科は、国語または理科となります。

しかし、国語の場合、火，水，木曜日に国語があると、4日間連続することになり、条件エに反します。

条件イより、国語は4時間ですから、残る1日は、月曜または金曜になりますね。

よって、この教科は理科に決まり、理科は火，水，金曜日で、3日間連続しないことがわかります。

そうすると、条件エより、3日間連続する2教科は国語と社会となり、火曜日の3時間目は社会、水曜日の3時間目と金曜日の2時間目が国語とわかり、表2のようになります。

表2

	月曜日	火曜日	水曜日	木曜日	金曜日
1 時間目	数学	数学	理科	数学	数学
2 時間目	社会	理科	社会	国語	国語
3 時間目		社会	国語		理科

　残るのは、国語があと1時間と、英語ですから、条件アより、木曜日の3時間目は英語、月曜日の3時間目が国語となり、表3のように決まります。

表3

	月曜日	火曜日	水曜日	木曜日	金曜日
1 時間目	数学	数学	理科	数学	数学
2 時間目	社会	理科	社会	国語	国語
3 時間目	国語	社会	国語	英語	理科

　これより、選択肢を検討すると、正解は肢4となります。

正解　4

29

A～Cの3人が、ある週の月曜日から金曜日の最高気温について、「平年より高い」「平年並み」「平年より低い」のいずれかを予想した。

実際の最高気温は下の表で示した通りであるが、3人の予想について次のことが分かっている。このとき、確実にいえるのはどれか。

↑平年より高い　－平年並み　↓平年より低い

	月	火	水	木	金
実際	↓	－	↑	↑	－

ア　Aは月曜日にBと、火曜日と木曜日にCと同じ予想をし、Bは水曜日と金曜日にCと同じ予想をした。また、3人が同じ予想をした日があった。
イ　Aが「平年より低い」と予想した日はなかった。
ウ　Bは3日連続で予想が当たったが、それ以外の日はすべて予想が外れた。
エ　Cが「平年並み」と予想した日は2日間だけで、その2日間とも予想が外れた。
オ　AはCより予想が当たった日が多かった。

1　Aは水曜日に「平年より高い」と予想した。
2　Aは金曜日に「平年より高い」と予想した。
3　Bは月曜日に「平年並み」と予想した。
4　Cは月曜日に「平年より高い」と予想した。
5　Cは金曜日に「平年より低い」と予想した。

この問題は…
ちょっとヘン

与えられた表の下にA～Cの予想の当たり，はずれを記入します。まず、条件アより、月～金曜日のそれぞれについて、同じ予想をしたところを表1のように色を付けておきます。

表1

	月	火	水	木	金
実際	↓	─	↑	↑	─
Aの予想					
Bの予想					
Cの予想					

　条件イより、Aの月曜日ははずれで、同じ予想をしたB
もはずれです。また、条件エより、Cの火曜日と金曜日も
はずれで、同じ予想をした火曜日のAと、金曜日のBもは
ずれです。

> Cが「平年並み」
> を当てた日はあり
> ませんからね。

　そうすると、条件ウより、Bは火，水，木を連続して当てたことになり、同
じ予想をした水曜日のCも当たりですね。当たり，はずれにそれぞれ○，×を
記入して、表2のようになります。

表2

	月	火	水	木	金
実際	↓	─	↑	↑	─
Aの予想	×	×			
Bの予想	×	○	○	○	×
Cの予想		×	○		×

　ここで、条件エより、Cが「平年並み」と予想してはずした2日間は月曜日
と木曜日とわかり、同じ予想をした木曜日のAもはずれですね。

　これより、Cの予想が当たったのは水曜日の1日のみとなり、条件オより、
Aは2日以上当てていますので、残る水曜日と金曜日は当たりで、次ページ表
3のようになります。

表3

	月	火	水	木	金
実際	↓	ー	↑	↑	ー
Aの予想	×	×	○	×（ー）	○
Bの予想	×	○	○	○	×
Cの予想	×（ー）	×	○	×（ー）	×

　これより、選択肢を検討します。

肢1　Aの水曜日は当たりですから、「平年より高い」と予想しており、正解です。

肢2　Aの金曜日は当たりですから、「平年並み」と予想しています。

肢3　Bの月曜日ははずれですが、「平年並み」と「平年より高い」のどちらを予想したかはわかりません。

肢4　Cは月曜日に、「平年並み」と予想しています。

肢5　Cの金曜日ははずれですが、「平年より高い」と「平年より低い」のどちらを予想したかはわかりません。

　以上より、正解は肢1です。

正解　1

No.
7

頻出度 第1位

対応関係

2011年度

　ある食堂の従業員A〜Eの5人は、毎週月曜日から金曜日の5日間について、昼と夜の1日2回の食事の準備を分担している。昼の食事は刺身と煮物の2種類、夜の食事は刺身と天ぷらの2種類の担当があり、それぞれ1人ずつが担当している。ある1週間の出勤状況について、次のことが分かっているとき、正しくいえるのはどれか。

ア　5人はそれぞれ4回ずつ担当した。
イ　同じ日の、煮物と天ぷらは異なる人が担当し、昼と夜の刺身は同じ人が担当した。
ウ　Aは火曜日に煮物を担当し、水曜日に刺身を担当した。
エ　Bが食事の準備を一緒に担当したのは、AとCのみであった。
オ　Cが昼の食事の準備を担当したのは木曜日のみで、その日に一緒に担当したのはEであった。
カ　Dは連続した3日間出勤し、天ぷらは一度も担当しなかった。

1　Aは月曜日に出勤した。
2　Bは煮物を1回だけ担当した。
3　Cは火曜日に出勤した。
4　Dは金曜日に出勤した。
5　Eは天ぷらを1回だけ担当した。

この問題は…
ちょっとヘン

　次ページのような、食事の準備の担当表を作成し、A〜Eを記入します。
　条件アより、各人は4か所に記入され、条件イより、同じ日の刺身は同じ人が担当することを覚えておきましょう。
　まず、条件ウより、火曜日の煮物と水曜の刺身にAを記入します。
　次に、条件オ，カより、CとEが、木曜日の煮物と刺身のいずれかの担当となり、木曜日は天ぷらだけが残りますので、Dは木曜日には出勤していません。
　これより、Dが出勤した3日間は月〜水曜日で、担当したのは刺身か煮物ですから、火曜日は刺身、水曜日は煮物で、合計4回ですから、月曜日は煮物とわかります。

ここまでで、表1のようになりますね。

表1

		月	火	水	木	金
昼	刺身		D	A		
	煮物	D	A	D		← CとE
夜	刺身		D	A		
	天ぷら					

> ここでDが記入済みです。
> Aはあと1回ですね。

　次に、月曜日の刺身の担当を考えます。Aの担当はあと1回ですから、月曜の昼と夜の担当はしていませんし、条件エよりBはDと一緒に担当していませんので、Bでもありません。また、条件オより、Cは月曜の昼は担当していませんので、残るEが月曜の刺身を担当したことがわかります。

　よって、条件エより、BがAまたはCと一緒に担当したのは、水曜日と木曜日の天ぷらと、あと2回は、金曜日の刺身とわかり、表2のようになります。

表2

		月	火	水	木	金
昼	刺身	E	D	A		B
	煮物	D	A	D		← CとE
夜	刺身	E	D	A		B
	天ぷら			B	B	

> 残りは、Aが1回、Cが4回、Eが2回ですね。

　さらに、Bと一緒に担当したAとCについて、条件オより、金曜日の昼の煮物はCではなくAで、金曜日の天ぷらがCとなり、木曜日の刺身もCですから、Eが木曜日の煮物とわかります。

　この段階で残るのはCとEが1回ずつですから、月曜日の天ぷらはC、火曜日の天ぷらはEとなり、表3のように決まります。

表3

		月	火	水	木	金
昼	刺身	E	D	A	C	B
	煮物	D	A	D	E	A
夜	刺身	E	D	A	C	B
	天ぷら	C	E	B	B	C

以上より、確実にいえるのは肢5とわかります。

正解　5

36 人の生徒からなるクラスで、ある距離を走る速さの 1 位から 3 位を決めたい。1 回のレースで 6 人まで走ることができるとき、次の記述のア，イに入る数字の組合せとして正しいのはどれか。

1 回のレースでは 6 人までしか走ることができず、また、ストップウォッチがないため、異なる距離を走る速さを測定することはできない。36 人はいずれも走る速さが異なっており、また、どのレースでも同じ速さで走るものとする。

まず、36 人を 6 人ずつ 6 グループに分け、それぞれのグループで 1 回ずつレースを行う。次に、それぞれのレースで 1 位になった 6 人で再びレースを行い、1 位を決める。この時点で、2，3 位の可能性がある者は ア 人であり、2 位の可能性がある者は イ 人である。これらの者でさらにレースを行い、2 位，3 位を決める。

	ア	イ
1	5	2
2	7	2
3	8	3
4	12	6
5	17	11

この問題は…
かなりヘン

2 回目のレースで 1 ～ 3 位になった者をそれぞれ A，B，C とすると、1 位は A に決まりますね。また、B には 2 位の可能性、C には 3 位の可能性があります。

また、最初のレースで A と同じグループで走り、<u>A に次いで 2 位になった者は全体の 2，3 位の可能性があります</u>し、3 位になった者は全体の 3 位の可能性がありますね。同様に、最初のレースで B と同じグループで走り、B に次いで 2 位になった者は全体の 3 位の可能性があります。

最初のレースで A に次いで 2 位になった者が、B より速ければ 2 位、B と C の間なら 3 位になりますね。

これより、2，3 位の可能性があるのは全部で 5 人で、そのうち 2 位の可能

性があるのは 2 人となります。
　　よって、正解は肢 1 です。

正　解　▶　1

　ある商品をA〜Cの3人でオークションを行った。オークションは次のようなラウンド方式で行われた。

　各人は1回のラウンドに1本だけ入札できる。その回のラウンドで最高額を入札した人は、次のラウンドでは入札できず、残りの2人に入札の権利があるが、入札しなくてもよい。次のラウンドで入札者がいなくなった場合、商品は落札となる。

　これについて、次のことが分かっているとき、確実にいえるのはどれか。

ア　7回目で入札者がいなくなったため、商品は落札した。
イ　1回目は3人全員が入札した。
ウ　Aは、3回目と4回目に入札した。
エ　Bは4回目に入札した。
オ　Aが入札した回数は、Bより2回多かった。
カ　Cが入札したのは4回で、そのうち3回が最高額であった。

1　Bは6回目に入札した。
2　Cは2回目に入札した。
3　1回目に最高額で入札したのはBであった。
4　5回目に最高額で入札したのはAであった。
5　1人だけが入札したラウンドが2回あった。

この問題は…
わりとフツー

　A〜Cの入札状況を表に整理します。まず、条件ア〜エを記入して、表1のようになります。

表1

回数	1	2	3	4	5	6	7
A	○		○	○			×
B	○			○			×
C	○						×

　条件より、最高額を入札した人は次のラウンドでは入札できませんので、2回目以降は全員に〇が入ることはありません。よって、4回目のCには×が入ります。

　さらに、入札した人のうち最高額の人を◎で示すと、条件力より、Cは、1～7回目で、◎が3回、〇が1回、×が3回となり、◎の次には×が入りますので、（◎，×）の組合せが3組と〇が1つですから、3回目と6回目は◎が入ります。そうすると、残る1組は（1回目，2回目）で、5回目が〇となりますね（表2）。

表2

回数	1	2	3	4	5	6	7
A	○		○	○			×
B	○			○			×
C	◎	×	◎	×	○	◎	×

　表2より、3回目は、AとCが入札していますので、Bには×が入り、2回目の最高額はBだったとわかり、◎が入ります。また、4回目はAとBが入札しており、どちらかが最高額ですが、ここでAが最高額とすると、5回目にAは入札できませんので、5回目の最高額はBとなり、Bは、1，2，4，5回目の4回で入札したことになります。そうすると、条件オより、AはBより2回多い6回の入札が必要になりますが、5回目と7回目は入札していませんので、条件を満たしません。

> 5回目のCは〇に確定していますからね。

> 4回目◎なら、5回目は×ですね。

　よって、4回目の最高額はBに決まり、Bは5回目に入札できませんので、5回目の最高額はAとなり、Aは6回目に入札できませんから、入札回数は1～5回目の5回に決まります。そうすると、条件オより、Bの入札回数も、1，2，4回目の3回のみとなり、6回目は×が入って、次ページ表3のようになります。

表3

回数	1	2	3	4	5	6	7
A	○	○	○	○	◎	×	×
B	○	◎	×	◎	×	×	×
C	◎	×	◎	×	○	◎	×

　これより、正解は肢4です。

正　解　4

1～9の9枚のカードがある。ここから、1枚のカードを取り除いて8枚とし、これら8枚のカードと小石を用いてゲームを行う。

まず、8枚のカードを数が小さい順に時計回りに円形に並べ、いずれか1枚のカードの上に小石を置く。つぎに、図Ⅰのように、小石を時計回りに1枚飛ばしで進めて、飛ばしたカードを取り除く。残り2枚になると、図Ⅱのように小石は同じカードに戻ることになり、このカードだけが残る。ここでゲーム終了とする。

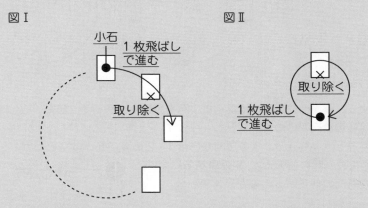

図Ⅰ

小石
1枚飛ばし
で進む

×
取り除く

図Ⅱ

×
取り除く

1枚飛ばし
で進む

最初に小石を置くカードを変えて、ゲームを2回行ったところ、最後に取り除かれたカードとゲーム終了時に残ったカードは、それぞれ次の表のとおりとなる。

	最後に取り除かれたカード	終了時に残ったカード
1回目	1のカード	5のカード
2回目	7のカード	2のカード

このとき、ゲームに用いられていないカードはどれか。

1 3のカード   2 4のカード   3 6のカード
4 8のカード   5 9のカード

この問題は…
ちょっとヘン

41

図1のように、ゲームに用いられた8枚のカードを数字の小さいほうからA～Hとすると、最初に小石をAのカードに置いたとき、取り除かれるカードは、1周目にB，D，F，H（図1）、2周目にC，G（図2）、3周目にE（図3）となり、終了時にはAが残ります。

図1　　　　　　　　　図2　　　　　　　　　図3

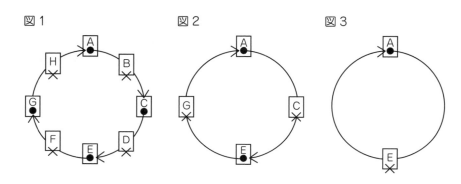

　これより、終了時に残るのは最初に小石を置いたカードで、最後に取り除かれるのはその真向かいのカードとわかります。
　そうすると、条件より、5の真向かいは1、2の真向かいは7とわかり、図4のようにカードを並べると、5の隣が7になり、取り除かれたカードは6とわかります。

！ここがPOINT
1と2は隣り合いますから、それぞれの真向かいも隣り合いますね。

図4

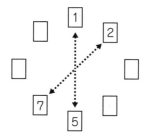

　よって、正解は肢3です。

正解　3

A～Fの生徒6人は、互いに仲の良い人と悪い人がいる。いま、この6人を、2人ずつ3つの組、3人ずつ2つの組のいずれの分け方で分けても、同じ組に仲の悪い人がいないようにすることができた。次のことが分かっているとき、2人ずつ3つの組に分けたときに同じ組になった2人として正しいのはどれか。

ア　AはBともCとも仲が悪い。
イ　Dは3人と仲が悪い。
ウ　EはDと仲が良い。
エ　2人ずつ3つの組に分けたときにCと同じ組になった人は、3人ずつ2つの組に分けたときにはCと同じ組にはならなかった。

1　AとD
2　AとF
3　BとE
4　CとF
5　DとE

この問題は…
ちょっとヘン

　条件イ，ウより、Dは3人と仲が悪いので、3人の組になるときは、残る2人と同じ組になり、その1人はEとなります。
　また、条件アより、Aと（B，C）は別の組になりますので、3人の組で（D，E）と同じ組になるのはAで、（B，C）と残るFが同じ組になり、3人の組は次のようになります。

A D E　　　B C F

　次に、2人ずつの組について考えます。条件エより、Cと同じ組になるのは、3人の組で同じにならなかった（A，D，E）のいずれかですが、条件より、AとCは仲が悪く、また、Dは（B，C，F）の3人と仲が悪いので、残るEとわかります。

あとの2組は、やはり、Dは（B，F）と仲が悪いので、Aと同じ組になり、次のように決まります。

| A D | | C E | | B F |

以上より、正解は肢1となります。

正解 ▶ 1

　赤，青，白，黒の 4 つのコップがあり、赤，青，白，黒の 4 枚のコースターがある。いま、4 枚のコースターの上に、色を気にせずにコップを 1 つずつ置いていき、この状態から次の順序でコップの置き換えを行った。

ア　まず、赤のコップと青のコップを置き換えたところ、そのうち一方のコップとコースターの色は一致したが、もう一方のコップとコースターの色は一致しなかった。
イ　次に、赤のコップと白のコップを置き換えたところ、そのうち一方のコップとコースターの色は一致したが、もう一方のコップとコースターの色は一致しなかった。
ウ　次に、赤のコップと黒のコップを置き換えたところ、両方ともコップとコースターの色は一致しなかった。

　この操作を終えた後、青のコースターと白のコースターの上に置かれていたコップの色として正しいのはどれか。

	青のコースター	白のコースター
1	青	赤
2	青	黒
3	白	赤
4	黒	赤
5	黒	白

この問題は…

わりとフツー

　まず、最初の操作で、赤と青のいずれか片方が一致したわけですが、ここで一致したのが仮に赤だとします。
　そうすると、図 1 のように、2 回目に赤と白のコップを置き換えることによって、赤は、それまで一致していたのが不一致となり、また、白のコップは赤のコースターに置かれますので、両方とも不一致で、条件を満たしません。

図1

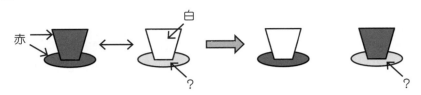

赤

白

?

?

　よって、最初の操作で一致したのは青とわかり、この後の操作で青のコップ
は動いていませんので、操作後に青のコースターに置か
れていたのは青のコップとなります。

> ここで、肢1、2に
> 絞られましたね。

　次に、2回目の操作で、赤と白のいずれか片方が一致
したわけですが、ここで一致したのが仮に白だとします。

　そうすると、この時点で、青と白は一致していますから、残る赤と黒が互い
に逆に置かれていることになり、図2のように、3回目の操作で両方とも一致
してしまいますので、条件を満たしません。

図2

赤

黒

　よって、2回目の操作で一致したのは赤となり、この時点で、青と赤は一致
していますから、残る白と黒が互いに逆に置かれていることになり、ここまで
を、表1のようにまとめます。

表1

コースター	赤	青	白	黒
① 1回目の操作後		青		
② 2回目の操作後	赤	青	黒	白
③ 3回目の操作後		青		

　表1の①の様子は、②の赤と白のコップの位置を逆にする
ことで確認できます。

　また、③の様子は、②の赤と黒のコップの位置を逆にして、

> 表は、コース
> ターを固定し
> たものです。
> 動かすのは
> コップですよ。

表2のようになります。

表2

コースター	赤	青	白	黒
①1回目の操作後	白	青	黒	赤
②2回目の操作後	赤	青	黒	白
③3回目の操作後	黒	青	赤	白

以上より、正解は肢1です。

正解 ▶ 1

白1枚、黒2枚、赤1枚のコインが、中の見えない袋に入っており、AとBの2人が次のルールに従ってゲームをした。

[ルール]　コインは1枚ずつ取り出し、取り出したコインの色に従って次のように行動する。

白…取り出したコインを自分のものとする。その操作後も、相手と順番を交替せず再び自分の順番とする。

黒…取り出したコインを含め、自分の持っているコインをすべて机の上に出す。操作後、相手と順番を交替する。

赤…取り出したコインを含め、机の上にコインがある場合はそのすべてを自分のものとする。操作後、相手と順番を交替する。

Aの順番から始め、最後のコインを取り出したのもAであった。また、Aが最後の操作を終えたとき、机の上には2枚のコインが残っていたとすると、2枚目と3枚目に取り出されたコインの色の組合せとして正しいのはどれか。

	2枚目	3枚目
1	赤	黒
2	赤	白
3	黒	白
4	黒	赤
5	白	黒

この問題は…

わりとフツー

最後の状況が与えられていますので、これを手がかりに、最後の操作から遡るように考えていきましょう。

コインは全部で4枚であり、白を取り出したとき以外は相手と交替しますから、1〜3枚目が白以外なら、A→B→A→Bの順になります。しかし、Aの順番から始めてAで終わったということは、1〜3枚目のどこかで白が取り出されていることになり、4枚目は白ではありません。

また、4枚目が赤だとすると、そこで机の上のコインはすべてAのものになり、最後に机にコインは残りませんから、4枚目は赤でもありません。

　よって、Aが4枚目に取り出したのは黒とわかります。そうすると、Aはそこでコインをすべて机の上に出しており、最後にコインを1枚も持っていませんので、机の上に残った2枚以外はBが持っていることになります。

　次に、3枚目に取り出されたコインについて考えます。

　3枚目が黒だとすると、ここで相手と交替ですから、これを取り出したのはBです。しかし、そうすると、Bもここでコインをすべて机の上に出すことになりますので、3枚目は黒ではありません。

　また、3枚目が赤の場合、1，2枚目は、黒と白で次の2通りとなりますが、いずれの場合も、Bが3枚目に赤を取り出した時点で、3枚のコインを自分のものにできますので、最後に机の上に2枚は残らず、条件を満たしません。

1枚目	2枚目	3枚目	4枚目
黒（A）	白（B）	赤（B）	黒（A）
白（A）	黒（A）	赤（B）	黒（A）

　これより、3枚目は白に決まり、これを取り出した人は4枚目も自分の順番としますから、Aとなります。

　そうすると、Aは3枚目に取り出した白を自分のものとし、4枚目に黒を取り出して、この2枚を机の上に出すことになりますので、あとの2枚をBが持っているということは、次のように、Bが2枚目で赤を取り出したとわかります。

1枚目	2枚目	3枚目	4枚目
黒（A）	赤（B）	白（A）	黒（A）

　以上より、2枚目は赤、3枚目は白とわかり、正解は肢2です。

正解　2

同じ5つの区域を示す3枚の地図A，B，Cがあり、どの地図もいくつか穴が開いている。次のことが分かっているとき、どの地図にも穴が開いていない区域の数と、1枚の地図のみに穴が開いている区域の数の組合せとして正しいのはどれか。

ア　3枚の地図すべてに穴が開いている区域はない。
イ　2枚の地図を見比べたとき、ともに穴が開いている区域の数は、AとBでは1つ、BとCでは2つであった。
ウ　2枚の地図を見比べたとき、片方には穴が開いているが他方には穴が開いていない区域の数は、AとBでは2つ、AとCでは4つであった。

	どの地図にも穴が 開いていない区域	1枚の地図のみに 穴が開いている区域
1	0	1
2	0	2
3	1	1
4	1	2
5	2	1

この問題は…
わりとフツー

「穴が開いている」を○、「穴が開いていない」を×で表し、5つの区域について整理します。

条件アより、A，B，Cすべてに○という区域はないので、条件イにある、AとBに共に○の地域を①、BとCが共に○の2区域を②，③とすると、①のCと②，③のAは×となり、ここまでを表1のように整理します。

表1

	①	②	③	④	⑤
A	○	×	×		
B	○	○	○		
C	×	○	○		

これより、条件ウにある、AとBのうち片方のみ〇の2区域は、表1の②と③に決まります。そうすると、残る2区域を④，⑤とすると、これらについては、AとB共に×となりますね。

さらに、条件ウのAとCのうち片方のみ〇の4区域は、表1の①，②，③ともう1区域なので、これを④とすると、④のCは〇、⑤のCは×となり、表2のようになります。

共に〇なのは①だけですからね。

表2

	①	②	③	④	⑤
A	〇	×	×	×	×
B	〇	〇	〇	×	×
C	×	〇	〇	〇	×

これより、どの地図にも穴が開いていない区域は、表2の⑤のみ、1枚の地図のみに穴が開いている区域は④のみとわかり、正解は肢3です。

正解 **3**

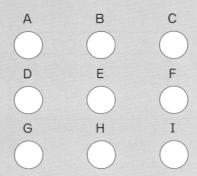

　図のようなA～Ｉの９つの穴があり、ここから出てくるモグラの模型をハンマーでたたくゲームがある。モグラの模型の出現順序について次のことが分かっているとき、正しくいえるのはどれか。

ア　モグラの模型は９つの穴の下に１体ずつ潜んでおり、いずれも１回ずつ出現した。

イ　モグラの模型が出現した回数は全部で５回であり、そのうち４回は、２つの穴から同時に出現し、残る１回はＣからのみ出現した。

ウ　４隅の穴（Ａ，Ｃ，Ｇ，Ｉ）から出現したのは全部で３回であり、その３回はいずれも連続していなかった。

エ　Ｃ，Ｆ，Ｉから出現したのは異なる回であり、これらの回は連続していた。また、Ｇ，Ｈ，Ｉから出現したのは異なる回であり、これらの回は連続していた。

オ　Ｉから出現したのはＢからより早く、Ｂから出現したのはＤからより早かった。

1　Ｂからは３回目に出現した。
2　Ｅからは２回目に出現した。
3　Ａから出現したのは、Ｄから出現したのと同時であった。
4　Ｂから出現したのは、Ｃから出現したのと同時であった。
5　Ｅから出現したのは、Ｈから出現したのと同時であった。

この問題は…
わりとフツー

52

　条件ウより、4隅から出現したのは1, 3, 5回目ですね。また、条件エより、4隅の（A，C，G，I）のうち、CとI、及びGとIはいずれも異なる回ですが、条件イより、CとG は同じ回ではないので、C, G, I は1, 3, 5回目のいずれか異なる回に1回ずつとわかります。そうすると、CとI、及びGとIは、1回目と3回目、または3回目と5回目のいずれかの組合せになり、2組に共通するIは3回目で、CとGが1回目と5回目のいずれかとなります。

> 条件エより、（C, F, I）と（G, H, I）は、1～3回目、または3～5回目ですからね。

　さらに、条件オより、I＞B＞Dですから、Bは4回目、Dは5回目となり、条件イより、Cは5回目ではなく1回目で、Gが5回目とわかり、ここまでを表1のように整理します。

表1

1回目	2回目	3回目	4回目	5回目
C		I	B	D，G

　そうすると、条件エより、Fは2回目、Hは4回目となり、残るA，Eのうち、Aは四隅ですから3回目、Eが2回目で、表2のようになります。

表2

1回目	2回目	3回目	4回目	5回目
C	F，E	I，A	B，H	D，G

　以上より、正解は肢2です。

正解　2

A〜Fの6個の玉と糸だけを使って輪を作る。図Ⅰのように、2つの玉を糸に通したパーツを2個、1つの玉だけを糸に通したパーツを2個作り、Aの玉は、2つの玉を糸に通したパーツに使用する。いま、これらのパーツを組み合わせて、次の3通りの方法で輪を作る。

・全てのパーツを組み合わせて、図Ⅱのような輪を作る。
・全てのパーツを組み合わせて、図Ⅲのような輪を作る。
・2つの玉を糸に通したパーツを2個、1つの玉だけを糸に通したパーツを1個を組み合わせて、図Ⅳのような輪を作る。

図は一部の玉のみ示されているが、ア，イに該当する玉の組合せを正しく示しているのはどれか。

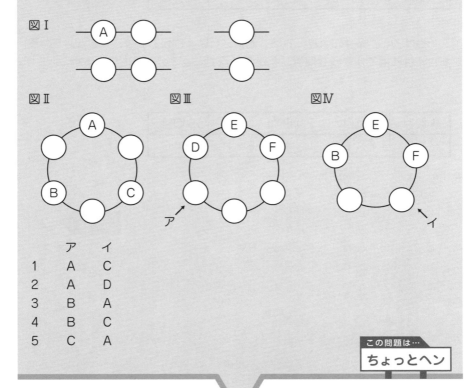

	ア	イ
1	A	C
2	A	D
3	B	A
4	B	C
5	C	A

この問題は…
ちょっとヘン

２つの玉を糸に通したパーツをX、１つの玉だけを糸に通したパーツをYとし、パーツXで同じ糸に通っている玉を「ペア」と呼ぶことにします。まず、図Ⅱより、A，B，Cは互いにペアにはならないことがわかりますので、図ⅠのAのペアはD，E，Fのいずれかです。

ペアは必ず隣り合いますからね。

また、D，E，Fは、次図１の①〜③のいずれかですから、D，E，Fもまた、互いにペアにはなりません。

そうすると、図Ⅲにおいて、Eとその隣のDやFとはペアではありませんので、Eはパーツとわかり、図２のように切れ目を入れておきましょう。さらに、図２の④〜⑥はA，B，Cのいずれかですが、この３つも互いにペアではありま

隣とは異なるパーツという印です！

せんから、⑤もパーツYとわかり、切れ目を入れます。これより、Aは④または⑥となります。

ここで、図ⅣのEはパーツYですから、図３のBと⑦、Fと⑧がパーツXでそれぞれペアになるとわかりますね。

図１　　　　　　　　　図２　　　　　　　　　図３

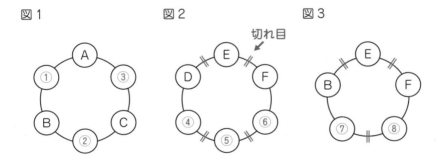

そうすると、BはパーツXですから、図２の⑤はCとなります。また、BとFはペアではありませんから、図２の④がB、⑥がAで、パーツXのペアは（A，F）と（B，D）となり、図Ⅲ，Ⅳはそれぞれ次ページ図４，５のようになります。

図１は、（①, ②, ③）＝（D, E, F）（E, D, F）（F, D, E）の３通りがありますよ。

図4   図5

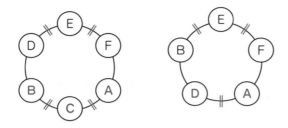

　よって、アはB、イはAで、正解は肢3です。

No.
17 位置関係

底面の半径が同じで高さがいずれも異なる円筒が6個置かれており、上から見ると図のようである。これを矢印の2方向から見ると、いずれの方向から見ても6個の円筒すべてが見えた。

このとき、円筒の置き方は何通りあるか。ただし、見る方向に沿って一直線に並ぶ円筒がすべて見える場合は、手前から奥へ行くに従って、高さが高くなっている場合のみであるものとする。

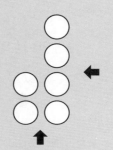

1　7通り
2　9通り
3　11通り
4　13通り
5　15通り

この問題は…
ちょっとヘン

6個の円筒を置く位置を次ページ図1のようにA〜Fとします。また、円筒は高さの低いほうから順に①〜⑥とします。

まず、縦の矢印の方向から見て、円筒が手前から奥へ順に高くなるような置き方を考えると、AとBの2か所に置く円筒を①〜⑥から選び、A→B、C→Fに、選ばれた円筒が順に高くなるように置きます。

たとえば、AとBに③と⑤を選んだ場合、図2のように、Aが③で、Bが⑤、C〜Fには、①→②→④→⑥と置くことになります。

C〜Fには、残った4つの円筒を、低いほうから並べればいいですね。

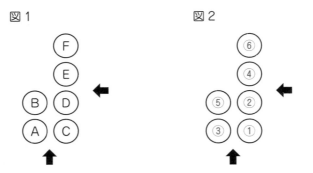

図1　　　　　　　　　　図2

　　また、横の矢印の方向から見ても同様になるので、さらに、A＞C，B＞D
を満たす必要があります。

　　そうすると、①を置く位置はCに決まりますので、AとBには②～⑥の5個
から2個を選んで置くことになり、このような方法は、${}_5C_2 = \dfrac{5 \times 4}{2 \times 1} = 10$
（通り）あります。しかし、Bは④以上ですから、（A，
B）＝（②，③）は条件を満たしませんので、それ以
外の9通りの置き方が可能とわかります。

　　よって、正解は肢2です。

> Bは、A，C，Dよ
> り高いので、③以下
> にはなりませんね。

正解 ▶ 2

　図のような、軸から等間隔の位置に光源を置いた装置があり、軸を中心に矢印の方向へ回転している。光源からは、図の壁に向かって垂直に光線が放射されており、光線の色は、光の三原色である赤，青，緑のいずれかで、壁に放射されたとき、異なる色の光線が重なる場合もある。図の状態は、壁に放射される光線が3点の場合を示しているが、4点の場合もある。いま、4点の場合について、継続的に観測を続けたところ、どの状態においても壁に放射された光線の色に赤と青を含み、4点の色は常に異なっていた。図の2か所には赤と緑の光源が置かれているとすると、アとイの光源から放射される光線の色について、正しく組み合わせているのはどれか。

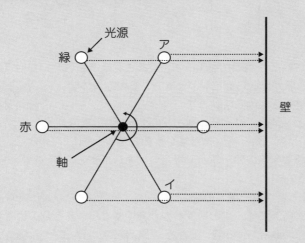

	ア	イ
1	赤	青
2	赤	緑
3	青	赤
4	青	青
5	緑	赤

この問題は…
かなりヘン

　与えられた緑と赤の光源をそれぞれA，Bとし、そこから反時計回りにC〜Fとします。壁に放射される光線が4点の場合は、たとえば、図1の（1）の

ような場合で、ＢとＦ、ＣとＥの色は重なることになります。

　また、図１の状態からさらに回転して光線が４
点になる場合を調べると、(2)(3)のような場合
があり、この３通りから条件を満たすＣ〜Ｆの色
を調べます。

(3) の次は、Ａが真下に
なり、図１と同じ組み合
わせになりますね。その
後のは図２，３と同じで
すから、この３通りに決
まることになります。

図１

(1)   (2)   (3)

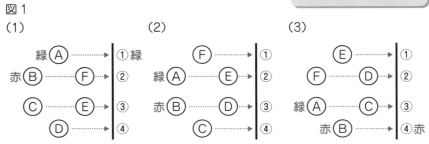

　壁に放射された４点の色を①〜④とすると、まず、(1) について、①は緑で
すね。②は、Ｆが赤なら赤になりますが、Ｆが赤以外な
ら、２色が重なった色になります。

赤が重なったら、赤
になりますからね。

　そうすると、条件より、③，④のいずれかが青ですの
で、(Ｃ，Ｅ)＝(青，青)またはＤ＝青となり、他に
わかるところもないので、ここで場合分けをします。

(2) は、ＣとＦの
どちらかが青なの
で、ここで場合分
けもありですね。

Ⅰ)(Ｃ，Ｅ)＝(青，青)の場合

　条件より、(1) の②，④のいずれかが赤ですから、ＦとＤのいずれかが赤で
すが、Ｆが赤の場合、①が緑、②が赤、③は青で、④もこ
の３色のいずれかの色になりますので、４点の色が異なる
状態にならず、条件に反します。よって、Ｄが赤に決まり
ます。

④はＤの色ですか
らね。

　そうすると、(2) では、③が赤、④が青になりますから、①は赤，青以外な
ので、Ｆは緑となり、図２のように条件を満たします。

図2

(1)   (2)   (3)

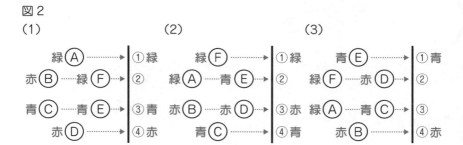

Ⅱ）Dが青の場合

同様に、(1)の②、③のいずれかが赤なので、Fまたは（C、E）のいずれかが赤になります。しかし、Eが赤だと、(3)の①と④がいずれも赤になり、条件に反します。

また、Fが赤の場合は、図3のように、(2)で青が放射されるのは④のみですから、Cが青になり、(3)で青が放射されるのは①のみですから、Eも青になります。しかし、この場合、(1)の③も青になり、やはり条件に反します。

図3

(1)   (2)   (3)

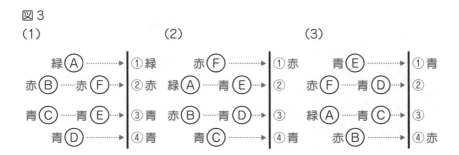

よって、図2のように決まり、求めるアはF＝緑、イはD＝赤とわかり、正解は肢5です。

正解　　5

図のようなA〜Dの島があり、6本の橋がかかっている。ある人が、A島から出発して、6本の橋を1回ずつ渡って、最後にD島に到着した。次のことが分かっているとき、この人が3本目の橋を渡った後にたどり着いたのは何島で、それは図のア〜エのどれに当たるか。

・最後に渡った橋は、C島からD島に渡る橋であった。
・B島からD島に渡ったことがあった。
・C島からB島に渡ったことがあった。

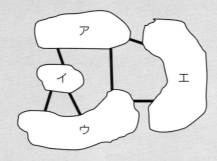

1　B島で、エに当たる。
2　C島で、アに当たる。
3　C島で、ウに当たる。
4　D島で、アに当たる。
5　D島で、イに当たる。

この問題は…
ちょっとヘン

　6本の橋を1本ずつ渡ったわけですから、島を「点」、橋を「線」と考えると、この図は一筆書きができることになります。一筆書きができる図形には、次のような特徴がありますので、まずはこれを確認します。

一筆書きができる図形
①奇点（奇数本の線が集まる点）が、0個または2個である
②奇点が0個の場合は、始点と終点が一致し、2個の場

偶数本の線が集まる点は「偶点」といいます。

　　合は、一方が始点、一方が終点となる

　これより、各島にかかっている橋の数を数えると、アとイが３本、ウが４本、エが２本となり、奇数本集まるのはアとイですから、この一方が出発点で、もう一方は最終到着点となります。

　すなわち、条件より、アとイのいずれかがＡとＤとなりますので、残るウとエのいずれかがＢとＣとなります。

　さらに条件より、ＣとＤ、ＢとＤにかかる橋がありますので、Ｄはウとエのいずれにもかかる橋があるはずですが、イとエにかかる橋はありませんので、イはＤではありません。

　よって、イがＡで出発点、アがＤで最終到着点となりますね。

　そうすると、条件より、ウ→Ｄ、エ→Ｄと渡ったことがありますので、図１のように、ウとエにかかる橋はウ→エとなります。また、条件より、Ｃ→Ｂと渡ったので、ウがＣ、エがＢとわかりますね。

> エ→ウだと、エに渡ることができませんね。

図１

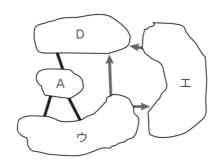

　これより、ＡとＤにかかる橋はＤ→Ａと渡ったとわかりますね。

　そうすると、Ａから出発した後、最初にＣに渡り、そこからＢ，Ｄのいずれかに渡っていますが、Ｄに渡ったのは最後ですから、Ｂに渡り、さらに、Ｂ→Ｄ→Ａ→Ｃと渡って、最後にＤに渡ったとわかります。渡った順番を図に示すと、次ページ図２のようになりますね。

> ここも、Ａ→Ｄだと、一度Ｄに渡ったら、そこから動けなくなっちゃいます。

> Ａに戻る橋もありますが、そうすると、Ａから動けないですね。

図2

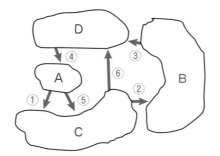

　よって、3本目の橋を渡った後にたどり着いたのはD島で、これは図のアに
当たり、正解は肢4です。

正解 ▶ 4

　ある期間に、A〜Cの3人が傘を持っていたかどうか、また、その日の天気及び天気予報が雨であったかについて、次のことが分かった。このとき、A〜Cが3人とも傘を持っていた日として正しいのはどれか。

ア　雨が降った日は、Aは傘を持っていた。
イ　雨が降らなかった日は、Bは傘を持っていなかった。
ウ　天気予報が雨だった日は、Bは傘を持っていた。
エ　天気予報が雨でなかった日は、Cは傘を持っていなかった。

1　雨が降っていた日
2　天気予報が雨だった日
3　Aが傘を持っていた日
4　Bが傘を持っていた日
5　Cが傘を持っていた日

この問題は…
ちょっとヘン

　命題ア〜エを論理式に表します。命題イは「$\overline{雨}$→$\overline{B傘}$」で、対偶を作ると「B傘→雨」となり、ここに命題ア，ウをつなげると、図1のようになります。

図1

　　　　　予報雨　→　B傘　→　雨　→　A傘

　さらに、命題エは「$\overline{予報雨}$→$\overline{C傘}$」で、対偶を作ると「C傘→予報雨」となり、図1に加えます（図2）。

図2

　　　　C傘　→　予報雨　→　B傘　→　雨　→　A傘

　これより、「3人とも傘を持っていた日」について考えると、図2より「C傘→B傘→A傘」が導けますので、Cが傘を持っていた日は、B，Aともに傘

を持っていたのだとわかります。

　よって、肢5「Cが傘を持っていた日」が正解となります。

正解 ▶ 5

No.
21　論理

　あるクラスの各人の持ち物を調べたところ、次のことが分かった。このとき、確実にいえるのはどれか。

ア　ボールペンか蛍光ペンの少なくとも一方を持っている人は、手帳を持っている。
イ　手帳を持っている人は、腕時計を持っている。
ウ　腕時計を持っている人は、蛍光ペンを持っている。

1　ボールペンを持っている人は、蛍光ペンを持っている。
2　蛍光ペンを持っている人は、ボールペンを持っている。
3　蛍光ペンを持っていない人は、腕時計を持っている。
4　手帳を持っている人は、ボールペンを持っている。
5　腕時計を持っている人は、ボールペンを持っていない。

この問題は…
わりとフツー

　命題ア〜ウを論理式で表します。命題アは「ボールペン→手帳」「蛍光ペン→手帳」と分解して、ア〜ウをつなげると次のようになります。

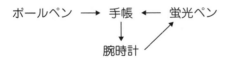

　ここから、「ボールペン→蛍光ペン」が導けますので、肢1が正解となります。

正解　▶　1

あるファッションブランドA，B，Cについて、たくさんの人を対象にアンケート調査を行い、これらのブランドを「好き」または「嫌い」のいずれかを選んでもらった。

次のことが分かっているとき、確実にいえるのはどれか。

ア　Aだけが好きな人がいる。
イ　Bだけが好きな人がいる
ウ　AとBの両方が好きな人で、Cが嫌いな人はいない。
エ　Cが好きな人がいる。Cが好きな人は全員、AとBも好きである。
オ　AとBの両方が嫌いな人がいる。

1　A，B，Cの3種類とも嫌いな人はいない。
2　A，B，Cのうち、2種類が好きな人がいる。
3　Cが嫌いな人は全員、Bが嫌いである。
4　Bが好きでCが嫌いな人は全員、Aが嫌いである。
5　AとCの両方が嫌いな人は全員、Bが好きである。

この問題は…

ちょっとヘン

　論理式に表せない命題が多いので、ベン図に表すことも考えられます。
　しかし、A，B，Cの「好き」「嫌い」の組合せは、2 × 2 × 2 ＝ 8（通り）しかありませんので、このような問題は、8通りすべてを書き上げて、条件を満たす具体的な組合せを探すという解法が便利です。
　8通りの組合せを調べると、表1のようになりますね。

表1

	A	B	C
①	○	○	○
②	○	○	×
③	○	×	○
④	○	×	×
⑤	×	○	○
⑥	×	○	×
⑦	×	×	○
⑧	×	×	×

　まず、条件ア，イより、④と⑥に該当する人はいることがわかります。

　また、条件ウより、②に該当する人はいません。

　さらに、条件エより、③，⑤，⑦に該当する人はいませんが、①に該当する人はいることになります。

　そうすると、⑦がいないので、条件オより、⑧に該当する人はいることになりますね。

　ここで、該当者がいる組合せだけを残すと表2のようになります。

表2

	A	B	C
①	○	○	○
④	○	×	×
⑥	×	○	×
⑧	×	×	×

　これより、選択肢を検討します。

肢1　⑧に該当する人がいますので、誤りです。

肢2　表2より、そのような人はいません。

肢3　⑥に該当する人がいますので、誤りです。

肢4　⑥に該当する人で、確実にいえます。

肢5　肢1同様、誤りです。

正解　4

ある会議に出席した人たちの交通手段について次のことが分かった。このとき、確実にいえるのはどれか。

ア　バスもタクシーも利用しなかった人は、電車を利用した。
イ　タクシーを利用した人は、電車も利用した。

1　バスを利用した人は電車も利用した。
2　バスを利用した人はタクシーを利用しなかった。
3　タクシーを利用した人はバスも利用した。
4　タクシーを利用しなかった人は電車を利用した。
5　電車を利用しなかった人はバスを利用した。

この問題は…
ちょっとヘン

命題ア，イをそれぞれ論理式で表します。

ア　$\overline{バス} \wedge \overline{タクシー} \longrightarrow$ 電車
イ　$\overline{タクシー} \longrightarrow$ 電車

> **❶ここがPOINT**
> 分解できないので、∧（かつ）、∨（または）の記号を使いますよ。

さらに、それぞれの対偶を作ります。命題アは、ド・モルガンの法則を使って、次のようになりますね。

ア　$\overline{電車} \longrightarrow$ バス $\vee$ タクシー　…①
イ　$\overline{電車} \longrightarrow \overline{タクシー}$　…②

> **✏️ ド・モルガンの法則**
> 「A∧B」の否定＝$\overline{A} \vee \overline{B}$
> 「A∨B」の否定＝$\overline{A} \wedge \overline{B}$

これより、電車を利用しなかった人について考えると、①より、バスかタクシーのいずれかは利用していますが、②より、タクシーは利用していないことがわかります。

そうすると、電車を利用しなかった人は全員、バスを利用したことになり、肢5が確実にいえますね。

よって、正解は肢5です。

正解 ▶ 5

　　ある商品のふたには 5 桁の数字が書かれており、A ～ D の各賞の当選番号と一致している場合には賞品がもらえることになっている。

　　ある人がこの商品を 1 つ購入し、ふたに書かれている番号と各賞の当選番号とを照合したところ、当選したものはなかったが、当選番号と数字が一致している桁はあった。次の表には、各賞の当選番号が示されており、また、ふたに書かれていた番号と当選番号との間で、数字が一致している桁がいくつあったかも示されている。

　　このとき、ふたに書かれていた番号の左から 3 番目と 5 番目の数字の和はいくらか。

	当選番号	数字が一致している桁の数
A 賞	21366	二つ
B 賞	41845	三つ
C 賞	23749	三つ
D 賞	33866	一つ

1　9　　2　12　　3　13　　4　16　　5　17

この問題は…
わりとフツー

　　まず、B 賞と C 賞に着目します。数字は 5 桁ですが、B 賞，C 賞がともに 3 つの桁で一致していますので、両方とも一致した桁が少なくとも 1 つあることになります。これより、B 賞と C 賞に共通する数字を探すと、左から 4 番目の「4」のみですから、ふたに書かれた数字の左から 4 番目は「4」であったとわかります。また、B 賞，C 賞ともあと 2 つの桁で一致していますので、4 番目以外の 4 つの数字は B 賞，C 賞のいずれかと一致していることになりますね。

！ここが POINT
B 賞と C 賞は、4 番目以外の数字は異なるので、どっちか片方と一致しているわけですね。

　　次に、A 賞に着目すると、A 賞と一致している数字は 2 つですが、これらの数は、B 賞，C 賞のいずれかと同じ数字でなくてはいけませんね。では、そのような数を探すと、左から 1 番目の「2」と 2 番

目の「1」が、それぞれC賞，B賞と一致しており、この2つがA賞と一致する数字とわかります。

　これより、ここまでの一致する数字に色を付けると、表1のようになります。

表1

A賞	2	1	3	6	6	二つ
B賞	4	1	8	4	5	三つ
C賞	2	3	7	4	9	三つ
D賞	3	3	8	6	6	一つ

　同様に、D賞と一致する1つの数字を探すと、<u>3番目の「8」がB賞と同じ</u>ですね。

　ここで、B賞と一致する3つの数字がわかり、残る左から5番目はC賞と一致しているので「9」とわかり、表2のようになります。

> 2番目の「3」もC賞と同じですが、2番目は「1」に決まってますからね。

表2

A賞	2	1	3	6	6	二つ
B賞	4	1	8	4	5	三つ
C賞	2	3	7	4	9	三つ
D賞	3	3	8	6	6	一つ

　よって、ふたに書かれた数は「21849」となり、3番目と5番目の数字の和は、8 + 9 = 17 で、正解は肢5です。

正　解　5

No. 25 順序関係　　　　　　　　　　　　　　　　　2017 年度

　ある遊園地のパレードでは、次のルールに従って、A～Dの 4 台の車を同じ
コース上で動かす。

・4 台の車は、スタート地点ではA，B，C，Dの順に発車する。
・4 台の車は、他の 3 台の車のうちいずれか 2 台を 1 回ずつ追い抜くが、残り
　の 1 台は追い抜くことはない。
・パレード中、Dはどの車にも追い抜かれなかった。
・4 台の車は、ゴール地点に同時に到着することはなく、4 台が 1 台ずつ順に
　到着した。

　これより、次の文中のア，イに入るものとしていずれも正しいのはどれか。

　それぞれの車が他の車を追い抜く順番は何通りかあるが、ゴール地点での
4 台の車の順番は ア に決まる。なお、Bを追い抜く車は、必ず イ とな
る。

　　　　ア　　　　イ
1　　1 通り　　A，Cの 2 台
2　　1 通り　　C，Dの 2 台
3　　1 通り　　A，C，Dの 3 台
4　　2 通り　　C，Dの 2 台
5　　2 通り　　A，C，Dの 3 台

この問題は…
ちょっとヘン

　条件より、A，B，CはDを抜いていませんので、その他の 2 台を抜いたこ
とがわかります。また、4 番目にスタートしたDは、どの車にも抜かれず、2
台を抜いたわけですから、2 番目にゴールしたことがわかり、ここまでを次
ページ表 1 のように整理します。

表 1

	スタート順	抜いた車	抜かれた車	ゴール順
A	1 番目	B，C		
B	2 番目	A，C		
C	3 番目	A，B		
D	4 番目		なし	2 番目

　　Aは、B，Cの2台に抜かれて、B，Cの2台を抜いていますが、ここで、Dにも抜かれていると、ゴールの順番はスタートより1つ下がって2番目になってしまいます。しかし、2番目はDですから、AはDには抜かれず、ゴールの順番も1番目となります。

　　これより、Dが抜かしたのはBとCの2台となり、各車が抜いた2台がわかりましたので、抜かれた車を調べると表2のようになります。

表 2

	スタート順	抜いた車	抜かれた車	ゴール順
A	1 番目	B，C	B，C	1 番目
B	2 番目	A，C	A，C，D	3 番目
C	3 番目	A，B	A，B，D	4 番目
D	4 番目	B，C	なし	2 番目

> BとCは、2台を抜いて3台に抜かれたので、ゴールでは順番が1つ下がります。

　　よって、ゴール地点での4台の車の順番は1通り（ア）に決まり、Bを追い抜く車はA，C，Dの3台（イ）で、正解は肢3です。

正解　▶　3

A〜Eの5人が、図のように横一列に右または左の方向を向いて並んでいる。各人は自分より前方にいるすべての人を見ている。次のことが分かっているとき、確実にいえるのはどれか。

左 ○○○○○ 右

ア　Aは左を向いており、2人を見ている。
イ　3人を見ている人と1人を見ている人がおり、1人も見ていない人はいない。
ウ　Cより多くの人を見ている人がいる。
エ　Bを見ている人のほうが、Cを見ている人より多い。
オ　EはBより左に並んでおり、BはDより左に並んでいる。

1　Cは左から4番目に並んでいる。
2　Eは左から2番目に並んでいる。
3　AとDは隣り合っている。
4　BとDは反対方向を向いている。
5　CとEは同じ方向を向いている。

この問題は…
わりとフツー

5人を、左から①〜⑤とします。条件アより、Aは③で左を向いていますね。また、条件イより、1人も見ていない人はいないので、①は右を、⑤は左を向いており、それぞれ4人を見ています。そうすると、②と④のいずれかが、1人と3人を見ていることになり、この2人は同じ方向を向いていますね。ここまでを図1のように整理します。

図1

左　　①　　②　　A　　④　　⑤　　右
　　　→　　　　←　　　　←

次に、条件ウより、Cは、4人を見ている①や⑤ではありませんので、②または④となります。そうすると、条件オより、左からE−B−Dの順ですから、①はE、⑤はDに決まり、BとCが②または④となります。

ここで、②と④がどちらの方向を向いているかで場合分けをします。

Ⅰ）②と④が左を向いている場合
　図2のようになり、②を見ているのは他の4人全員で、④を見ているのはDとEの2人ですね。

図2

左	E	②	A	④	D	右
	→	←	←	←	←	

　この場合、条件エより、②がB、④がCで、図3のようになります。

図3

左	E	B	A	C	D	右
	→	←	←	←	←	

Ⅱ）②と④が右を向いている場合
　図4のようになり、②を見ているのはA，D，Eの3人、④を見ているのもD，E，②の3人で、条件エを満たしません。

図4

左	E	②	A	④	D	右
	→	→	←	→	←	

　よって、図3のように決まり、正解は肢1です。

正解　▶　1

バスケットボール部の部員をA〜Dの4つのチームに分け、ここから2チームを選抜するため、4チームの総当たり形式で6試合を行った。初めに、勝ち試合数について見て、勝ち試合数の多いほうから2チームを選抜しようとしたところ、ちょうど2チームを選抜することができなかった。そこで、各チームの勝った試合において得点を合計し、合計点の多いほうから2チームを選抜したところ、AとDの2チームが選抜された。これについて、次のことが分かっているとき、ア〜ウの正誤を正しく示しているのはどれか。

・引き分けの試合はなかった。
・勝った試合の得点の合計が、最も高かったのはDで、次に高かったのはAであった。
・AとBの試合ではAが勝ち、Aの得点は70点であった。
・AとDの試合ではDが勝ち、Dの得点は90点であった。
・BとCの試合ではBが勝ち、Bの得点は76点であった。
・AとCの試合では、勝ったチームの得点は62点であった。

ア　AとCの試合では、Cが勝った。
イ　BとDの試合では、勝ったチームの得点は56点より低かった。
ウ　CとDの試合では、勝ったチームの得点は42点より高かった。

	ア	イ	ウ
1	正	正	誤
2	正	誤	正
3	誤	正	正
4	誤	誤	正
5	誤	誤	誤

この問題は…

ちょっとヘン

6試合を次のように①〜⑥とし、条件からわかる情報を整理します。

① A（70）＞ B
② D（90）＞ A
③ B（76）＞ C

④　A　−　C　（勝ったほうは 62 点）

⑤　B　−　D

⑥　C　−　D

①〜④は条件の通り。残る組合せを探して⑤，⑥とします。

　まず、Aは①で 70 点を得ていますが、仮にAの勝ち数がこの 1 勝のみだったとすると、③のBより勝った試合の得点の合計が低くなり、条件に反します。よって、Aは 2 勝以上していますが、②より、Dに負けていますから、④の対C戦で勝って 62 点を得ており、Aの勝った試合の得点の合計は 70 ＋ 62 ＝ 132（点）となります。ここで、アは「誤」とわかりますね。

AはDに次いで 2 番目に高いですからね。

　そうすると、条件より、Dの勝った試合の得点の合計はAより高いので、Dは②以外に勝ち試合があり、⑤または⑥で勝っています。しかし、この 2 試合とも勝ったとすると、Dは 3 勝、Aは 2 勝、Bは 1 勝、Cは 0 勝で、勝ち試合数だけで 2 チームの選抜が可能になり、条件に反します。

　よって、Dは、⑤または⑥のいずれかに 1 試合に勝って 2 勝で、さらに、Aともう 1 チームの 3 チームが 2 勝で並んでいたことになり、その 1 チームは、③で勝っているBとわかります。

2 勝が 2 チームで、他が 1 勝以下なら、やはり、ここで選抜できてしまいますね。

　これより、Bもあと 1 勝していますので、⑤はB勝ち、⑥はDが勝ったとわかり、次のように整理します。

①　A（70）＞　B　　　④　A（62）＞　C

②　D（90）＞　A　　　⑤　B　＞　D

③　B（76）＞　C　　　⑥　D　＞　C

　では、イとウの正誤を考えます。まず、イについて、BD戦の勝者であるBの勝った試合の得点の合計について考えると、③の 76 点と⑤の得点を合わせて、Aの 132 点より低かったので、⑤の得点は、132 － 76 ＝ 56（点）より低かったとわかります。よって、イは「正」ですから、ここで肢 3 が正解となりますね。

　また、ウについて、CD戦の勝者であるDの勝った試合の得点の合計を確認すると、②の 90 点と⑥の得点を合わせて、Aの 132 点より高かったので、⑥の得点は、132 － 90 ＝ 42（点）より高かったとわかり、ウは「正」と確認できます。

　以上より、正解は肢 3 です。

正解　▶　3

試合

2014 年度

32 人で１回勝負の腕相撲のトーナメント大会を行い、次のルールに従って順位をつけた。

ア　勝ち数の多い者を高い順位とする。
イ　勝ち数が同じ者は、より高い順位の者に負けたほうを上の順位とする。たとえば、準決勝で負けた２人は、１位の者に負けた者が３位で、２位の者に負けた者が４位となる。

このとき、7 位の者は２人に勝ったが、その２人の順位の合計はいくらか。ただし、32 人は全員１回戦から出場し、トーナメントの形は、優勝に必要な勝ち数が全員等しい均等な形であるとする。

1　32　　　2　34　　　3　36　　　4　38　　　5　40

この問題は…
ちょっとヘン

　トーナメント戦ですから、１回戦を勝ち上がるのは 16 人、２回戦を勝ち上がるのは８人です。
　２回戦を勝ち上がった８人は、その先の試合で１位〜８位の順位が付きます。
　そうすると、この８人に負けて２回戦で敗退した８人には、９位〜16 位の順位が付くわけですが、条件より、１位に負けた者が９位、２位に負けた者が 10 位…と、次のように対応することになります。

1 位〜8 位	1位	2位	3位	4位	5位	6位	7位	8位
2 回戦の対戦相手の順位	9位	10位	11位	12位	13位	14位	15位	16位

　これより、7 位の者に２回戦で負けた者の順位は 15 位とわかります。
　また、１回戦についても同様に考えると、１回戦で敗退した 16 人には 17 位〜32 位の順位が付きますが、１位に負けた者が 17 位、２位に負けた者が 18 位…となり、7 位に負けた者の順位は 23 位とわかります。

よって、2人の順位の合計は、15 + 23 = 38 となり、正解は肢 4 です。

正解 ▶ **4**

No. 29　発言からの推理

　AがB，Cにコインを何枚ずつか配る。B，Cは自分に配られたコインの枚数は分かるが、他の人に配られたコインの枚数は分からない。

　A，B，Cがこの順に次のように発言したとき、次の記述のア｛　　｝イ｛　　｝で正しいものをすべて選んでいるのはどれか。

A　「B，Cのうち、1人に配ったコインの数はもう1人の2倍の数で、2人とも 100 枚以上持っている。」
B　「Aの発言を聞いて考えたが、Cの持っているコインの枚数は分からない。」
C　「私もAの発言を聞いたときは、Bと同様、Bのコインの枚数は分からなかったが、Bの発言を聞いてBのコインの枚数が分かった。」

　Aの発言「1人に配ったコインの数はもう1人の2倍の数で、2人とも 100枚以上持っている」から、B，Cはお互いに相手の持っているコインの枚数を2通り推測することができる。まず、Bが「分からない」と発言したのは、Bが推測した2通りがいずれもAの発言と矛盾しなかったからである。

　これより、Bの持っているコインの数は、ア $\begin{bmatrix} 200枚以上 \\ 400枚未満 \end{bmatrix}$ である。

　またCが「分かった」と発言したのは、Cの推測した2通りのうち、1通りはあり得ないことが分かったからである。

　これより、Cの枚数は、イ $\left\{ \begin{matrix} 100枚以上200枚未満 \\ 200枚以上400枚未満 \\ 400枚以上 \end{matrix} \right\}$ である。

	ア	イ
1	200 枚以上	100 枚以上 200 枚未満
2	200 枚以上	200 枚以上 400 枚未満
3	200 枚以上	400 枚以上
4	400 枚未満	100 枚以上 200 枚未満
5	400 枚未満	400 枚以上

この問題は…
ちょっとヘン

まず、Ａの発言を聞いた時点で、ＢとＣがお互いの枚数がわかる場合を考えます。

　問題の記述にある「2通りの推測」とは、Ａの発言から、相手が自分の枚数の「半分」か「2倍」かですから、そのどちらかがＮＧであれば、残るほうに決まります。

　これより、それぞれについて、残る条件「2人とも100枚以上」を満たすかを考えると、自分は100枚以上あるので、その「2倍」の枚数についてはＯＫですね。しかし、「半分」の枚数については、自分が200枚以上なら、相手は100枚以上で、これもＯＫになりますが、200枚未満だとすると、相手は100枚未満になり、Ａの発言を満たしません。

　ですから、自分が200枚未満であれば、相手は自分の2倍とわかるわけですが、初めは、Ｂ，Ｃともわからなかったということは、Ｂ，Ｃとも200枚以上持っていることになりますね。ここで、アは「200枚以上」を選ぶことになります。

　次に、Ｃの発言について考えます。Ｃは、初めはわからなかったのが、Ｂの発言を聞いて、Ｂも200枚以上持っているという新しい情報を得たことにより、Ｂが自分の半分か2倍のどちらかがわかったことになります。しかし、やはり、2倍はＯＫですから、半分がＮＧだったわけですね。つまり、Ｃの半分が200枚以上にならないわけで、ここで、Ｃは400枚未満とわかります。これより、イは「200枚以上400枚未満」を選ぶことになります。

　以上より、正解は肢2です。

正解 ▶ 2

　　1〜4の数字が1つ書かれたカードが8枚あり、同じ数字が書かれたカードが2枚ずつある。この8枚のカードをA〜Dの4人に2枚ずつ配った。各人は自分以外の人のカードを見ることはできないが、他の人の発言から各々のカードを推理することはできる。

　　いま、A，B，C，Dの順に次のような発言をしたとき、Dの持っているカードの数字の和はいくらか。

A　「私の2枚のカードの数字の積は4です。」
B　「私の2枚のカードの数字の和は5です。Aの発言を聞いても、Aのカードの数字を判断することができません。」
C　「Bの発言を聞いて、Aのカードの数字を判断することができました。」
D　「Cの発言を聞いて、全員のカードの数字が分かりました。私のカードの数字の和はCより小さいです。」

1　2　　　2　3　　　3　4　　　4　5　　　5　6

この問題は…
わりとフツー

　　AとBの持っているカードの数字は、各人の発言から次のようにわかります。

A　→　積は4　→　（1，4）または（2，2）
B　→　和は5　→　（1，4）または（2，3）

　　まず、Bの発言について考えます。同じ数字のカードは2枚しかないので、仮にBが（2，3）を持っているとすると、Aが（2，2）のはずはありませんので、Bは、Aのカードは（1，4）であると判断できたはずです。しかし、Bは「判断できない」と発言していることから、Bのカードは（2，3）ではなく（1，4）であると、A，C，Dは判断できます。
　　ここで、Cの発言について考えると、CがBの発言を聞いてAのカードを判断できたのは、Aが持っている可能性のある1，2，4のカードのいずれかを、Cもまた持っていたからと考えられます。

しかし、Cが2を持っていた場合、Aのカードが（1，4）であることは、Bの発言を聞かなくてもわかるので、Cの発言と矛盾しますね。これより、<u>Cは1または4を持っていたので、Aのカードが（2，2）であると判断できた</u>ことになり、ここまでで、次のようになります。

> 1または4のもう1枚はBが持っているから、Aは（1，4）じゃないとわかりますよね。

A　→　（2，2）
B　→　（1，4）
C　→　　1または4を含む2枚

　最後に、Dの発言から、CとDのカードを確定します。CとDに残されたカードは、（1，4，3，3）の4枚で、Cは1と4の少なくとも片方は持っていますので、次の3通りが考えられます。

①　C（1，3）→　D（3，4）
②　C（1，4）→　D（3，3）
③　C（3，4）→　D（1，3）

　そうすると、Dの発言より、和はC＞Dですから、これを満たす③に決まり、Dのカードは1と3で、和は4となり、正解は肢3です。

正解　3

箱の中に8つの玉A～Hが入っており、その色は、青が3個、赤が2個、白が2個、黒が1個である。玉の色についての次の6つの記述のうち、1つだけが誤りであるとき、ここから正しくいえるのはどれか。

ア　AはDと同じ色であるが、白ではない。
イ　Bは赤でも白でもない。
ウ　Cは黒である。
エ　EはCと同じ色である。
オ　Fは青である。
カ　Hは赤である。

1　Aは赤である。
2　Gは白である。
3　AとFは異なる色である。
4　BとDは同じ色である。
5　GとHは同じ色である。

この問題は…
わりとフツー

まず、ウとエに着目すると、この2つの記述がともに正しい場合、EとCがともに黒になり、条件に反します。よって、誤りの記述はウとエのいずれかとなり、その他の記述はいずれも正しいとわかります。

これより、A～Hの色を整理すると、まず、オ，カより、表1のようになります。

表1

A	B	C	D	E	F	G	H
					青		赤

ここで、アより、AとDの色を考えると、白ではなく、また、赤，黒でもないので、AとDは青とわかります。ここで、青の3つがわかりましたね。

赤の1つはHですし、黒は1つしかありませんからね。

そうすると、Bは青ではなく、イより赤でも白でもないのでBは黒とわかります（表2）。

表2

A	B	C	D	E	F	G	H
青	黒		青		青		赤

　これより、黒はB1つですからウが誤りとなり、エは正しいのでCとEは同じ色ですが、青，赤，黒ではないので、CとEは白となり、残るGは赤で、表3のように決まります。

表3

A	B	C	D	E	F	G	H
青	黒	白	青	白	青	赤	赤

　ここから、選択肢を検討すると、正解は肢5となります。

正解 ▶ 5

　数字が1つずつ書かれた、赤，青，黄，緑のカードが1枚ずつある。A，B の2人に、この4枚のカードを一瞬見せた後、それぞれの色のカードに書かれた数字について尋ねたところ、次のように答えた。

A 「赤のカードは1である。青のカードは3ではない。黄のカードは2である。緑のカードは2ではない。」
B 「赤のカードは4である。青のカードは3である。黄のカードは2である。緑のカードは1である。」

　2人の発言はいずれも、2つは当たっていたが、2つは外れていたとすると、赤のカードと緑のカードに書かれた数字の組合せとして正しいのはどれか。
　ただし、どのカードにも1〜4のいずれかの数字が書かれ、同じ数が書かれたカードはなかった。

	赤のカード	緑のカード
1	1	3
2	2	1
3	3	2
4	4	1
5	4	3

この問題は…
すごくフツー

　2人の発言を、次のように整理します。

A　①赤＝1　②青≠3　③黄＝2　④緑≠2
B　⑤赤＝4　⑥青＝3　⑦黄＝2　⑧緑＝1

　AとBの発言を、同じ色について比べてみると、②と⑥はどちらか片方が○で、もう片方は×です。③と⑦は共に○か、共に×かのいずれかですね。
　A，Bともに、○が2つと×が2つですので、③と⑦が○か×のいずれかで場合分けをします。

I）③と⑦が共に○の場合

黄のカードは2になり、これより、緑のカードは2ではありませんので、Aの発言のうち、④が○になります。

よって、Aは③，④が○ですから、①，②は×になります。そうすると、②の×より、⑥が○となり、Bは⑥，⑦が○で、⑤，⑧が×となり、次のようになります。

A ① 赤＝1 × ② 青≠3 × ③ 黄＝2 ○ ④ 緑≠2 ○

B ⑤ 赤＝4 × ⑥ 青＝3 ○ ⑦ 黄＝2 ○ ⑧ 緑＝1 ×

ここで、この場合のカードの色について確認すると、黄が2で、⑥より青が3ですから、残る赤と緑が1か4ですが、①，⑧より、どちらも1ではないので矛盾します。

よって、③と⑦は共に○であることはなく、共に×に確定します。

II）③と⑦が共に×の場合（確定）

ここからすぐにわかることがありませんので、さらに、②と⑥のどちらが○かで場合分けをします。

②が○で、⑥が×の場合、Bは⑥，⑦が×ですから、⑤と⑧が○になり、赤は4、緑は1とわかります。そうすると、青と黄が2か3ですが、⑥，⑦が×であることから、青が2、黄が3とわかります。

これより、Aの発言では、①が×、④が○で、次のように成立します。

A ① 赤＝1 × ② 青≠3 ○ ③ 黄＝2 × ④ 緑≠2 ○

B ⑤ 赤＝4 ○ ⑥ 青＝3 × ⑦ 黄＝2 × ⑧ 緑＝1 ○

また、②が×で、⑥が○の場合、Aは①と④が○ですから、次のようになります。

これより、赤が1、青が3ですから、残る黄と緑が2か4ですが、③，④より、どちらも2ではないので矛盾します。

A ① 赤＝1 ○ ② 青≠3 × ③ 黄＝2 × ④ 緑≠2 ○

B ⑤ 赤＝4 ⑥ 青＝3 ○ ⑦ 黄＝2 × ⑧ 緑＝1

88

よって、Ⅱ）の前者に決まり、赤のカードは 4、緑のカードは 1 で、正解は肢 4 です。

正解 ▶ **4**

白いボール 1 個と黒いボールが 2 個ある。いま、この 3 個のボールを、図のア，イ，ウの位置に 1 個ずつ置き、A と B の 2 人に見せた。そのあと、図のようにボールにコップをかぶせ中が見えないようにし、3 つのうちの 2 つを選んで、コップを滑らせてボールごと場所を入れ替える操作を 2 回行った。1 回目の操作は A にだけ、2 回目の操作は B にだけ見せたので、2 人とも操作は 1 回しか行われていないと思っている。

操作後、A と B に、白いボールの位置をたずねたところ、A はイの位置にあると言い、B はアの位置にあると言った。しかし、実際に白いボールがあったのはウの位置であった。

このとき、正しくいえるのはどれか。

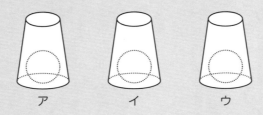

ア   イ   ウ

1 1 回目の操作の前では、白いボールはイの位置にあった。
2 1 回目の操作後には、白いボールはアの位置にあった。
3 黒いボール 2 個を入れ替える操作が 1 回あった。
4 アとイを入れ替える操作が 1 回あった。
5 アとウを入れ替える操作が 1 回あった。

この問題は…
わりとフツー

A は、最初の状態と 1 回目の操作を見ているわけですから、A の発言から、1 回目の操作の後、白いボールはイの位置にあったことになります。しかし、2 回目の操作の後、実際に白いボールがあったのはウの位置なので、2 回目の操作では、イとウを入れ替えたことがわかります。

これより、最初の状態と 2 回目の操作のみを見た B の発言を考えると、白いボールは、最初はアの位置にあったことがわかります。

!ここが POINT
B はイとウを入れ替えるところしか見ていないので、白いボールはアのままだと思ってますよね。

　すなわち、最初にアの位置にあった白いボールが1回目の操作でイの位置に移動したわけですから、1回目の操作では、アとイを入れ替えたとわかり、次のように整理します。

	ア	イ	ウ
最初の状態	白 ←→ 黒		黒
1回目の操作後	黒	白 ←→ 黒	
2回目の操作後	黒	黒	白

　これより、選択肢を検討すると、正解は肢4となります。

正解　4

　1〜7の数字が1つずつ書かれた7枚のカードが図Ⅰのように並んでおり、ここから隣り合う2枚を取り出し、左端へ移動するという操作を行う。例えば、5と6を取り出した場合は図Ⅱのようになる。

　いま、この操作を3回行ったところ、一番左は5、その隣は1になった。また、いずれのカードもその左隣と右隣のカードの数字は、最初と異なっていた。このとき、左から4枚目のカードの数字はどれか。

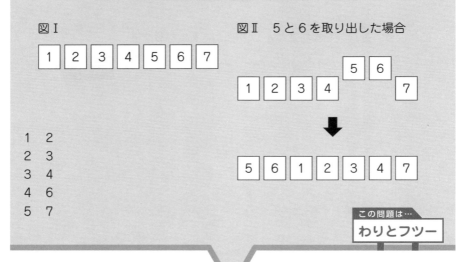

図Ⅰ

図Ⅱ　5と6を取り出した場合

1　2
2　3
3　4
4　6
5　7

この問題は…
わりとフツー

　3回の操作を行った後で、図1のような並び方になっていたわけですから、3回目に取り出されたカードは（5，1）であったことがわかります。

図1

　そうすると、2回目の操作が終わった段階で、（5，1）は隣り合っていたことになりますが、「1」は、初めに一番左にありましたから、1回目の操作で、「5」が「1」の左隣に移動したことになります。

❗ここがPOINT

1回目に別のカードが「1」の左に来ると、2回目の移動で「5」が「1」の左に来ることはできないですよね。

これより、1回目に取り出されたのは（4，5）で、図2のように移動したことになります。

図2

次に、2回目に取り出されたカードを考えます。条件より、最後はいずれのカードも左右のカードが最初と異なっていたわけですが、（5，1）は3回目の操作で左端に移動しますから、ここで（4，5）と（1，2）はそれぞれ離れる（隣り合わない）ことになります。そうすると、残るカードで隣り合っている（2，3）と（6，7）の2組が2回目の操作で離されたことになりますね。

これより、2回目に取り上げられたのは <u>（2，3）と（6，7）で隣り合っていた3と6</u> とわかり、図3のような手順で移動が行われたと確認できます。

> 1回の移動で、2組ともバラバラにできるのは、3と6の移動だけですね。

図3

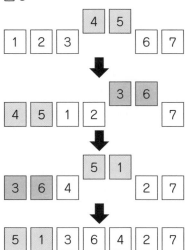

よって、左から4枚目のカードは「6」で、正解は肢4です。

正解 4

第2部

図形

図のような、半径 10cm の球の上下を 2 つの平行な平面で切断したところ、切断面は図の A，B のような円となり、円 A と円 B の間の距離は 14cm であった。円 A の半径が 6cm であるとき、円 B の半径はいくらか。

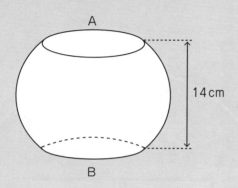

1　7cm
2　8cm
3　$3\sqrt{5}$cm
4　9cm
5　$7\sqrt{2}$cm

この問題は…
すごくフツー

　球の中心を O、円 A，B の中心をそれぞれ A，B として、O，A，B を通る平面で立体を切断すると、図 1 のようになります。

　図の C，D をそれぞれ円 A，B の円周上の点とすると、条件より、OC =10cm，AC = 6cm で、OC：AC = 10：6 = 5：3 ですから、△AOC は三辺比 3：4：5 の直角三角形となり、AO = 8cm とわかります。

図1

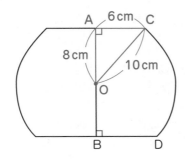

これより、OB ＝ 14 － 8 ＝ 6（cm）となり、OB：OD ＝ 6：10 ＝ 3：5 ですから、△OBDもまた三辺比3：4：5の直角三角形となり、BD ＝ 8cm とわかります（図2）。

図2

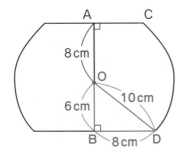

よって、円Bの半径は8cm で、正解は肢2です。

正 解 ▶ 2

第2部 図形

　図Ⅰのような、深さが 40 cm の目盛りの付いた水槽があり、この水槽の底面に、蓋のない円柱ア，イの底面を固定させた。水槽の底面積は 1000 cm² で、円柱アの高さは 20 cm、円柱イの高さは 30 cm である。いま、水槽の上に取り付けられた蛇口から、毎分 1000 cm³ の水を注ぎ、水面の高さについて目盛りを読み取って記録したところ、図Ⅱのように A，B，C，D で傾きが変化するグラフになった。

　水を注ぎ始めてから水面の高さが 20 cm になるまでに要した時間は 12 分であり、20 cm から 30 cm になるまでに要した時間は 9 分間である。このとき、円柱アと円柱イの底面積の差はいくらか。ただし、円柱には蓋がないので水面がその高さまでくると中に水が入ってくる。

図Ⅰ

図Ⅱ

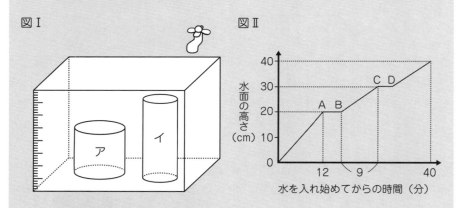

水を入れ始めてからの時間（分）

1　100 cm²
2　150 cm²
3　200 cm²
4　250 cm²
5　300 cm²

この問題は…
かなりヘン

図のように、水槽の底面を上から見た図を描き、ア，イの底面以外の部分を
ウとします。

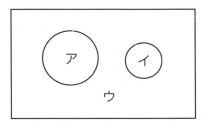

水を注ぎ始めてから20cmの高さになるまでの12分間で注がれた水量は、
$1000 \times 12 = 12000$（cm^3）ですが、この間はウの部分のみに水が溜まりま
すので、ウの面積×20cm＝12000cm^{3}より、ウの面積＝600cm^{2}となりま
す。ここで、アとイの底面積の和は400cm^{2}とわかりますね。

次に、高さが20cmから30cmに10cm上昇す
る9分間で注がれた水量は、$1000 \times 9 = 9000$
（cm^3）ですが、この間はアとウの部分に水が溜まり
ますので、ア＋ウの面積×10cm＝9000cm^{3}より、
ア＋ウの面積＝900cm^{2}となります。ここで、イの
底面積は100cm^{2}とわかります。

これより、アの底面積は、$400 - 100 = 300$
（cm^2）となり、アとイの底面積の差は、$300 - 100$
$= 200$（cm^2）で、正解は肢3です。

グラフのAB間は、円柱
アの中に水が入ってい
る間なので水位は変化
しません。アに水が溜
まってBからまた水位
が上昇しますが、ここか
らはアの上にも水が溜
まっていくわけです。

正解 ▶ 3

図Ⅰのような、透明なプラスチックでできた円柱がある。この円柱の上面において直径の両端をなす2点をA，Bとし、Bから底面に垂直に下ろした線と底面が交わる点をCとする。円柱は、上面と底面の中心を結ぶ線を軸にして一定の速さで回転している。いま、回転したままの状態で、Aからペンをまっすぐ下に一定の速さで下ろしたところ、ペンはCにたどり着いた。回転を止めて、円柱を側面から見たところ、図Ⅱのような模様が見えた。ペンがAからCに行くまでにかかった時間が20秒であるとき、円柱が1回転するのにかかる時間はどれか。

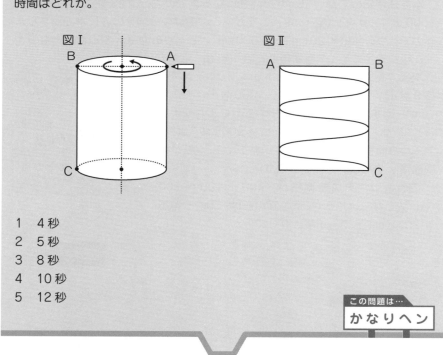

1　4秒
2　5秒
3　8秒
4　10秒
5　12秒

この問題は…
かなりヘン

　円柱は、次図のAからA′までで1回転、さらに、A″までで1回転し、Cまでに $\frac{1}{2}$ 回転しているのがわかります。

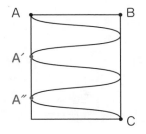

　これより、円柱は 20 秒間で 2.5 回転していますので、1 回転にかかる時間
は、20 ÷ 2.5 = 8（秒）となり、正解は肢 3 です。

正解　　3

図Ⅰのような高さ x で底面が一辺1の正方形である正四角錐と一辺1の立方体がある。図Ⅱのように、正四角錐6個の各底面と立方体の各面が一致するように面同士を貼り合わせると二十四面体ができるが、x がある値のときは図Ⅲのような各面がひし形となる十二面体ができる。十二面体ができるときの x の値はいくらか。

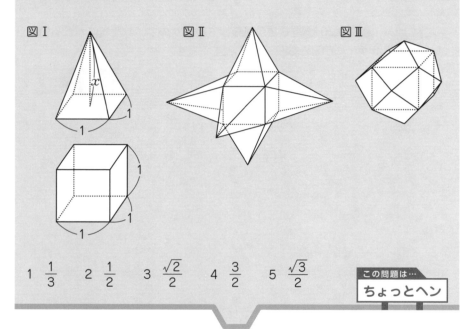

図Ⅰ 図Ⅱ 図Ⅲ

1　$\dfrac{1}{3}$ 　　2　$\dfrac{1}{2}$ 　　3　$\dfrac{\sqrt{2}}{2}$ 　　4　$\dfrac{3}{2}$ 　　5　$\dfrac{\sqrt{3}}{2}$

この問題は…

ちょっとヘン

図Ⅱの二十四面体が十二面体になるということは、面の数が半分になるわけですね。そうすると、たとえば、<u>図1の色の付いた2面の三角形が1つの面になり、1枚のひし形を作ればいいということが</u>、図Ⅲからわかります。

x が小さくなれば、この2面をフラットにできますね。

これより、図1のように、4つの正四角錐の各頂点をA〜Dとして、色の付いた2面のような位置関係にあるすべての三角形2面を1つの平面にした立体を作り、A〜Dを通る平面で切断すると図2のようになります。図2の4方向の三角形はいずれも正四角錐の切断面で合同ですから、図のように立方体の切断面の頂点をP〜Sとすると、∠APS＝∠BPQ＝45°で、4つの三角形はいずれも直角二等辺三角形となります。

そうすると、求める x は図の垂線AHになり、△APHもまた直角二等辺三角形ですから、AH＝PH＝$\frac{1}{2}$ とわかります。

PS＝1で、HはPSの中点ですからね。

図1

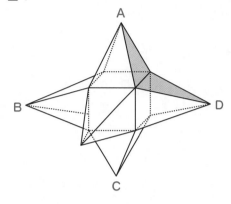

図2

よって、正解は肢2です。

正 解　2

三角錐の体積は、底面積×高さ×$\frac{1}{3}$ で求められる。

いま、図のような三角錐ＡＢＣＤがあり、ＡＢ，ＢＣ，ＣＤの長さがいずれも６cmであるとき、この三角錐の体積の最大値はいくらか。

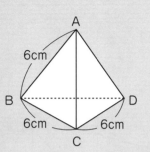

1　18cm³

2　18√3cm³

3　36cm³

4　27√2cm³

5　36√2cm³

この問題は…
ちょっとヘン

まず、底面積の最大値を考えます。△ＢＣＤのＢＣを底辺とすると、図１のように、ＢＣ⊥ＣＤとなるとき、高さがＣＤ＝６cmで、「底辺×高さ×$\frac{1}{2}$」の値が<u>最大</u>になります。

ここがPOINT

∠ＢＣＤ＝90°じゃないとき、高さは６cmより小さくなりますよね。

図１

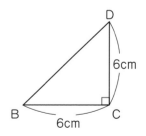

次に、三角錐の高さの最大値を考えると、図２のように、ＡＢが底面に対して垂直になるとき、高さがＡＢ＝６cmで<u>最大</u>となります。

ここも、ＡＢが底面に垂直じゃないと、高さは６cmより小さくなりますね。

図2

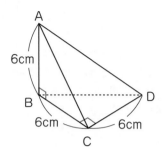

よって、三角錐の体積の最大値は、$6 \times 6 \times \dfrac{1}{2} \times 6 \times \dfrac{1}{3} = 36$（cm³）となり、正解は肢3です。

正解 ▶ 3

大きさと形が同じである平行四辺形を組み合わせたア〜カの6つの図形がある。このうちの5つの図形を、重ねることなく、裏返さずに組み合わせたところ、下の図のような平行四辺形ができた。カの図形の位置が図のようであるとき、次のア〜オの図形のうち、**使用しない**のはどれか。

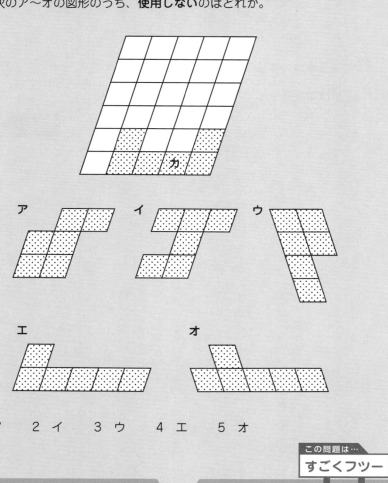

1 ア　　2 イ　　3 ウ　　4 エ　　5 オ

この問題は…

すごくフツー

図形の向きのまちがいを防ぐため、図1のように、平行四辺形の向かい合う角のうち小さいほうの角に•を付けておきましょう。

このタイプの問題は正方形が多いのですが、平行四辺形だと向きも考えなければいけません。

図1

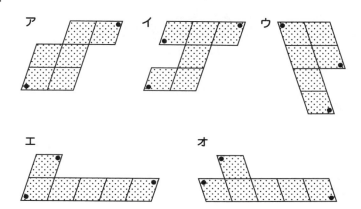

　まず、図2の<u>Aの部分を埋める図形はオのみ</u>で、これを図3のように当てはめます。そうすると、図3の<u>Bの部分をすき間なく埋めるのはエのみ</u>で、図4のように当てはめます。

•がAの角にきますからね。ウやエは向きがちがいます。

ウだとすき間ができますね。

図2　　　　　　図3　　　　　　図4

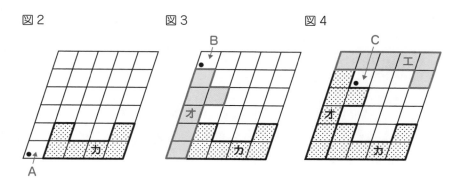

　同様に、図4のCの部分を埋めるのはイのみで、次ページ図5のように当てはめると、残る部分にアが当てはまります。

図5

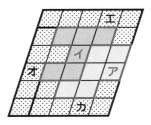

　よって、使用しないのはウで、正解は肢3です。

正解　3

パズル

位

頻出度 第

2018年度

　白，黒，青の正方形のタイルを図のように敷き詰め、いずれのタイルも同じ色のタイルと隣接しないようにする。白，青のタイルが図のように示されているとき、A，Bのタイルの色の組合せとして妥当なのはどれか。

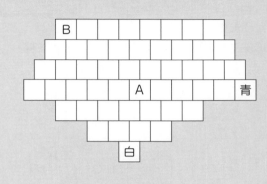

```
   A    B
1  白   青
2  白   黒
3  黒   白
4  黒   青
5  青   白
```

わりとフツー

　タイルの一部を図1のように①〜⑰とし、これらの色を調べます。

図1

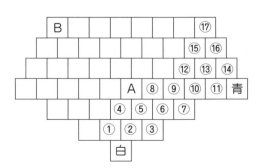

109

まず、一番下の白と隣接する①と②は黒か青ですが、どちらかわからないので、①を〇、②を×としておきます。

そうすると、〇、×と隣接する④は白で、×と白と隣接する⑤は〇となりますから、×と〇と隣接する③は白となります。

❗ここがPOINT

とりあえず、白、〇、×の3色を入れていきましょう！　右端の青まで行けば、〇、×の正体がわかりますよ。

同様に作業を進めると、⑥×→A×→⑧白→⑨〇→⑦白→⑩×→⑫白→⑬〇→⑪白→⑭×となり、右端の青は〇に当たります。

すなわち、〇は青、×は黒とわかり、Aは黒となりますね。

図2

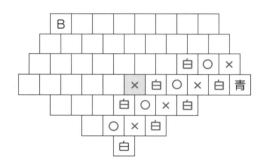

これより、図1の⑰まで同様に調べると、図3のように、⑰は青となります。

さらに、横に並ぶタイルを右から左方向に見ると、青→白→黒→…と順に並ぶ規則性がわかりますので、これに従って一番上の段を埋めると、Bは白とわかります。

図3

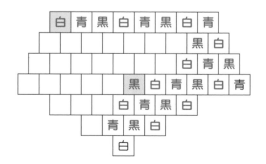

よって、正解は肢3です。

正解　3

ある部屋の床には、図Ⅰのように同じ大きさの正三角形16区画が描かれており、ここに貼り付けるために、図Ⅱのような1区画分の正三角形のタイル、3区画分の台形のタイルを用意した。ここで、正三角形のタイル1枚と台形のタイル5枚を用いて16区画からはみ出ることなく、タイル同士が重なりあうことなく貼り付けることを考えると、例えば、図Ⅲのように貼り付けることができる。

同様に、正三角形のタイル1枚と台形のタイル5枚を用いて貼り付けるとき、図Ⅰに示したA〜Cの区画のうち正三角形のタイルを貼り付けることができる区画を過不足なく選んでいるのはどれか。

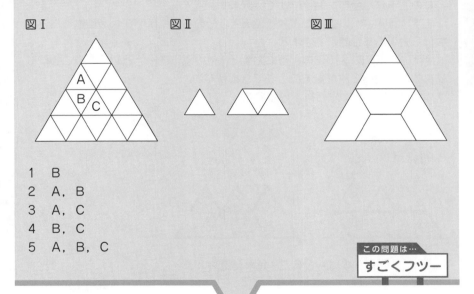

図Ⅰ　　　　図Ⅱ　　　　図Ⅲ

1　B
2　A, B
3　A, C
4　B, C
5　A, B, C

この問題は…
すごくフツー

正三角形のタイルがA〜Cの区画にあるとして、台形のタイル5枚を貼り付けることができるか検討します。

Aの区画に貼り付ける場合

問題の図Ⅲの上の部分の向きを変えると、次ページ図1のように貼り付けることができます。

第2部　図形

Bの区画に貼り付ける場合

Bの両サイドに、図2のように2枚の台形を貼り付けると、残る部分には図3のように3枚の台形を貼り付けることができます。

図1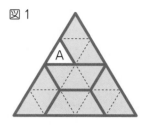

図2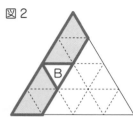

図3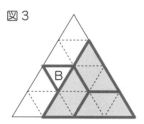

Cの区画に貼り付ける場合

Cの左下から台形を貼り付けていきます。

まず、図4の①のように1枚を貼ると、その右隣には②のように貼ることになり、右下にすき間ができます。

また、左下に図5の①のように貼ると、その隣に②→③と順に貼ることになりますが、残る2枚を貼ることができません。

したがって、Cの場合は不可能です。

図4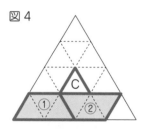

図5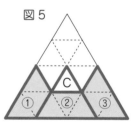

よって、可能なのはAとBで、正解は肢2です。

正解 ▶ 2

第2部 図形

3つのマスが並んだ長方形のプレートが6枚あり、各マスにはマークが描かれている。図Ⅰはその6枚を示したものであるが、1枚だけはマークが不明である。

この6枚を3枚ずつ並べて、図Ⅱのような正方形を2つ作り、上下に重ね合わせたところ、2枚の正方形に描かれたマークはぴったり重なった。このとき、正しくいえるのはどれか。

図Ⅰ

図Ⅱ

1　正方形の角の4マスのうち、2マスは○である。
2　正方形の角の4マスのうち、2マスは□である。
3　正方形の角の4マスはいずれも✧でない。
4　残されたもう1枚のプレートの中央のマークは□である。
5　残されたもう1枚のプレートの中央のマークは×である。

この問題は…
ちょっとヘン

6枚のプレートを、図1のようにA〜Fとします。

A〜Eにあるマークの数を数えると、◎と✧が2個ずつ、□と×が3個ずつ、○が5個ありますね。プレートは3枚ずつ並べて全く同じものが2組できたわけですから、6枚にあるそれぞれのマークの個数は偶数になるはずですので、Fには□，×，○が描かれているとわかります。

図1

A　　B　　C　　D　　E　　F

ここで、図２のように、２つの正方形ア，イを用意し、ここにプレートを並べて全く同じものを作ることを考えます。

　まず、２個しかない◎を含むＡとＤについては、それぞれ１枚ずつ並べることになりますが、ＡとＤは◎の上下のマークが異なりますので、同じ位置に入れることはできません。そうすると、◎は同じ位置で、プレート全体は異なる位置に並べることになり、ＡとＤは、図のように、◎を固定し、向きを変えて並べることになります。

図２

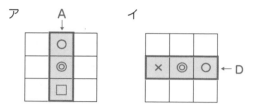

　これより、アにはプレートを縦に３枚、イには横に３枚並べることになり、残るプレートを、図３のように①〜④とします。

　ここで、アとイを互いに合体させると、図のようになり、④のプレートは真ん中が□になりますが、Ｂ，Ｃ，Ｅにはありませんので、ここにはＦが並べられていることになります。

図３

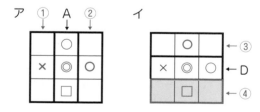

　そうすると、①〜③は、Ｂ，Ｃ，Ｅのいずれかで、真ん中が×の①はＣ、②と③がＢまたはＥとわかります。②と③は右上の１マスが共通ですから、ここにはＢとＥに共通する☆が来ることになりますが、③がＢだとすると、図４のように左上が×になるので、①に×が２個並ぶことになり、Ｃと合致しません。

図4

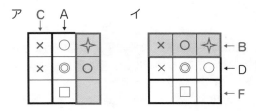

これより、③はE、②はBが並び、①のCの並び方は上が□なので、図5のようになり、これに従って、Fのマークも図のようにわかります。

図5

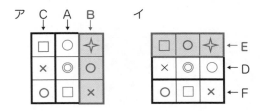

ここから選択肢を検討すると、正解は肢4とわかります。

三角形ＰＱＯを、頂点Ｑが図の点Ｒの位置にくるまで、Ｏを中心に反時計回りに回転させたところ、三角形ＰＱＯが通った図形は、図のような中心角240°のおうぎ形になった。

このとき、頂点Ｑの角度（∠ＰＱＯ）のとり得る範囲として正しいのはどれか。

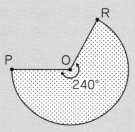

1　0°＜∠ＰＱＯ≦60°
2　0°＜∠ＰＱＯ＜90°
3　30°≦∠ＰＱＯ≦60°
4　30°≦∠ＰＱＯ＜90°
5　60°≦∠ＰＱＯ＜90°

この問題は…
ちょっとヘン

頂点ＱがＲの位置にきたのですから、ＯＱ（＝ＯＲ）とＯＰは等しく、△ＰＱＯは二等辺三角形になります。すなわち、∠ＰＱＯ（以下∠Ｑとします）と∠ＱＰＯは等しくなり、∠ＰＯＱ（以下∠Ｏとします）の大きさは、0°＜∠Ｏ＜180°ですから、∠Ｏが0°に近い状態と180°に近い状態で、△ＰＱＯは図1のような形になります。

図1　①∠Ｏが0°に近い　　②∠Ｏが180°に近い

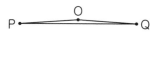

∠Ｏが0°や180°のときは、三角形は1本の線になっちゃいますね。

図の①のときは∠Qは90°に近く、②のときは0°に近いですね。

ここで、それぞれの三角形を、QがRにくるまで回転させてみると、図2のようになります。

図2

①

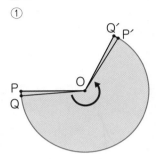

②

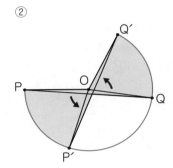

①のほうはきちんとおうぎ形を描きましたので、∠Qは90°近くまで可能ですね。しかし、②のほうは、図のようにおうぎ形の中で三角形が通らない部分ができてしまいます。これより、この部分を埋めるよう三角形の辺の位置を調整すると、図3のように、OQとOP′（移動後のOPの位置）が一致するとき、すき間なくおうぎ形を描くことができます。

図3

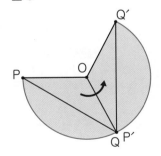

図3の三角形の∠Oは、240°÷2 = 120°ですから、このときの∠Qは、(180° − 120°) ÷ 2 = 30° で、これが∠Qの最小値とわかります。

よって、求める範囲は、30°≦∠PQO＜90°となり、正解は肢4です。

∠Qがこれより小さいと、図2②のようなすき間ができちゃいます。

正解　4

図Ⅰのように、円Ａの内側に沿って、円Ｂを矢印方向に滑らせずに転がしたとき、円Ｂの円周上の点Ｐの軌跡は太線のようになった。

いま、円Ａの内側に沿って、ある大きさの円Ｃを図Ⅰの円Ｂと同じ方向に滑らせずに転がしたところ、図Ⅱのように、円Ｃの円周上の点Ｑは矢印の方向へ進み、その軌跡は太線のようになった。

このとき、円Ｃの半径は円Ａの半径の何倍か。

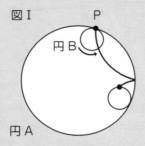

1　0.2 倍
2　0.25 倍
3　0.3 倍
4　0.4 倍
5　0.5 倍

この問題は…
わりとフツー

点Ｑが円Ａの円周に接している点を順に追うと、図の①→②→…→⑤→①となり、①〜⑤は、円Ａの円周を5等分するとわかります。

そうすると、円Ａの円周の①→②の部分（色の付いた円弧）の長さは、円周の $\frac{2}{5}$ となり、この長さは<u>円Ｃの円周と等しくなります</u>。

> Ｑが、①で円Ａに接して、②で再び接するまでの長さですから、円Ｃの円周1周分ですね。

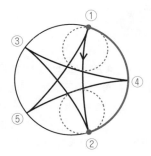

　これより、円Aの円周に対して、円Cの円周は $\frac{2}{5} = 0.4$ となり、円周の比と半径の比は等しいので、**円Cの半径は円Aの半径の 0.4 倍**で、正解は肢 4 です。

正 解　▶　**4**

　図のような、直径2cmの円Aと、直径4cmの円Bがあり、1辺の長さが8cmの正方形の外側に円A、内側に円Bが接している。

　円Aは正方形の辺に沿って外側を自由に動くことはできるが、正方形の内側に入ることはできない。また、円Bは、正方形の辺に沿って内側を自由に動くことはできるが、外側に出ることはできない。

　このとき、円Aが動くことができる範囲の面積と、円Bが動くことができる範囲の面積の差はいくらか。ただし、円周率はπとする。

1　16cm²

2　16 + 2π cm²

3　24cm²

4　24 + 2π cm²

5　32cm²

8cm

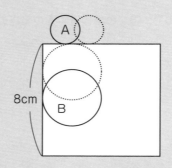

この問題は…
すごくフツー

　円A，Bがそれぞれ動くことができる範囲は、図1，2のようになります。

図1

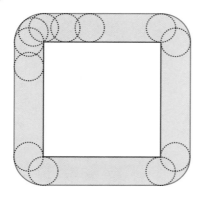

図2

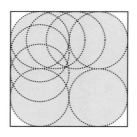

ここで、図3，4それぞれのグレーの部分に着目すると、いずれも半径2cm、中心角90°のおうぎ形ですから、それぞれの**ア～エ**の部分も同じ図形になりますね。

図3　　　　　　　　　　　　　　　　　　図4

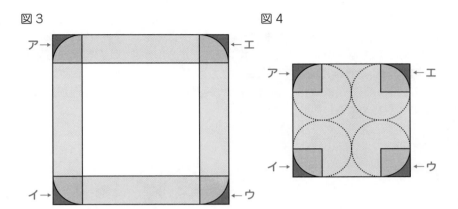

　本問で求めるのは、Aが動くことのできる範囲とBが動くことのできる範囲の差ですから、<u>両方にア～エの図形を加えても差は同じなので</u>、両者の差は次のように求めることができます。

❶ここがPOINT

（A＋C）と（B＋C）の差は、AとBの差ですよね。

　　（Aが動ける範囲＋ア～エ）－（Bが動ける範囲＋ア～エ）
　＝（1辺12cmの正方形－1辺8cmの正方形）－1辺8cmの正方形
　＝144－64－64
　＝16（cm^2）

図3の外側の正方形の1辺は、
2＋8＋2＝12（cm）です。

　よって、正解は肢1です。

正解　1

No. 47 軌跡　頻出度 第3位

2012年度

　図Ⅰのような、1辺が10cmの正方形に直径が5cmの円がはいっており、円は正方形内で自由に動き回れる。この正方形を図のように傾けると、円は正方形内の最も低い位置に素早く移動する。いま、図Ⅱのような折れ線Lがあり、ＢＣとＤＥは水平である。この折れ線L上を、正方形が図の①の位置から②の位置まで滑ることなく回転するとき、正方形内の円の中心が描く軌跡はどれか。ただし、正方形はゆっくりと回転し、円が移動する速さは正方形が回転する速さより極めて速いものとする。

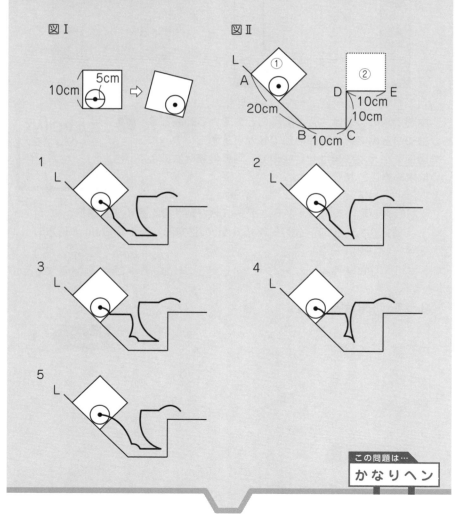

この問題は…
かなりヘン

与えられた図Ⅱの②を便宜上④とすると、正方形は、図１の①→④へ順に移動します。本問の円は「最も低い位置に素早く移動する」という特殊な設定ですので、<u>移動途中で正方形の１組の対辺が水平な状態（③や④の状態、以下「水平状態」とします）もチェックしていくことになります。</u>

（吹き出し）水平な状態から傾きが変わったら、円の移動も考えられますからね。

図１

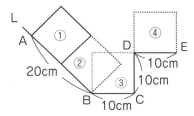

L
A
20cm
①
②
③
B　10cm　C
10cm
10cm
D
④
E

　まず、①→②の移動について、正方形は、図２の点Fを中心に回転し、水平状態（図の①´）になるまでは、正方形内の円の位置は変わりませんので、中心は図のように円弧を描きます。
　しかし、①´からさらに移動した瞬間、右のほうが下になりますので、円は**素早く右方向に移動する**ことになります。このとき、<u>円の中心は、図３のように直線を描き</u>、ここで、肢３，４に絞られますね。

（吹き出し）直線上を瞬時に移動したので、直線を描きますよ。

図２　　　　　　　　　　　　図３

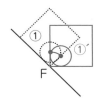

①
①´
F

⇨

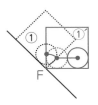

①
①
F

　次に、①´→②の移動ですが、ここでは正方形内の円の位置は変わりませんので、中心は円弧を描き、②→③でもBを中心とした円弧を描き、次ページ図４のようになります。
　さらに、③→④の移動では、Dを中心として回転しますが、③の水平状態から回転を始めた瞬間に、円は右方向へ素早く移動し、中心は図５のように直線を描きます。

図4   図5

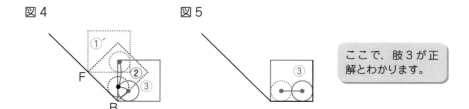

ここで、肢3が正
解とわかります。

　その後、図6のように、Dを中心に回転し、中心は円弧を描きますが、③′
の位置で水平状態になったところで右方向に素早く移動し、中心は直線を描き、
その後、再び円弧を描いて④の位置へたどり着きます。

図6

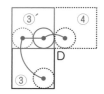

　以上より、正解は肢3です。

正　解　▶　3

図のような、1辺が5mの立方体の箱があり、上面の中央に直径1mの穴が開いている。また、底面には1mの方眼の線が描かれている。

いま、鉛直下方向に雨が降っており、雨の速さは5m/sである。また、立方体は底面を水平に保ったまま1m/sの速さで水平に矢印の方向へ移動している。

このとき、立方体の底面で雨が当たる部分を斜線部分で示したものとして妥当なのはどれか。

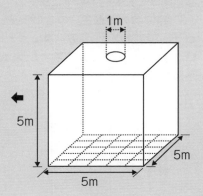

1

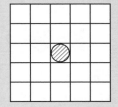

2

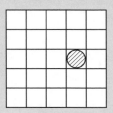

3

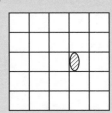

4

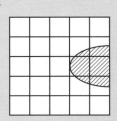

5

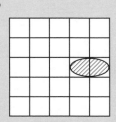

この問題は…
かなりヘン

第2部　図形

125

次のような、立方体を横から見た図で考えます。上面の穴の両端をA，Bとすると、立方体が静止している状態では、A，Bから落ちた雨はそれぞれ1秒後に真下の①，②へ落ちます。

立方体の高さは5mですから、5m/sだと1秒でたどり着きますね。

　しかし、立方体が矢印の方向へ1m/sの速さで移動すると、1秒後の①，②の地点にはそれぞれ②，③が来ていますので、A，Bから落ちた雨は②，③に落ち、これは、穴のどの部分から落ちた雨も同様です。

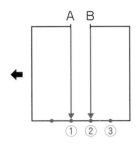

　よって、雨が当たる部分は中央から1m離れた直径1mの円になり、肢2が妥当です。

正解 ▶ 2

チューブの中の運動するボールの様子について観察した次の文において、ア～ウの { } から正しいものを組み合わせているのはどれか。

水平面上にスタートラインからゴールラインまで 3 m の平面があり、チューブを図のようにスタートラインに置いた。チューブは 10 m のものを 10 回巻きにしたもので、上から見ると周の長さは 60 cm である。

このチューブの一端 $\begin{Bmatrix} A \\ B \end{Bmatrix}$ にボールを入れ、チューブをスタートラインからゆっくりと滑ることなく転がすと、ボールは $\begin{Bmatrix} \text{進んだり戻ったりして反復運動をくり返す。} \\ \text{戻らずに進み続ける。} \end{Bmatrix}$

ゴールラインまで転がしたとき、ボールがチューブの中を動いた距離の合計は $\begin{Bmatrix} 3\,m \\ 4\,m \\ 5\,m \end{Bmatrix}$ である。

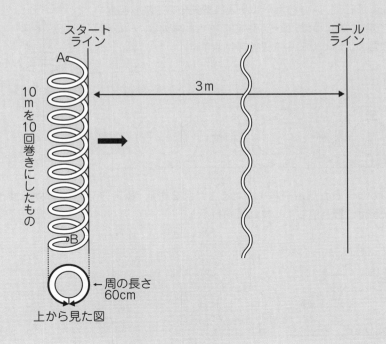

第2部 図形

127

1	A	進んだり戻ったりして反復運動をくり返す	3m
2	A	戻らずに進み続ける	4m
3	A	戻らずに進み続ける	5m
4	B	進んだり戻ったりして反復運動をくり返す	5m
5	B	戻らずに進み続ける	3m

　問題の設定がわかりにくいですが、要するに、螺旋状に巻いたチューブを床の上に置いてゴロゴロと転がしていくということですね。チューブは10回巻きで10mですから、1回巻きの長さは1mですが、これを上から見ると周の長さは60cmしかないので、<u>40cm分は縦に伸びている</u>ことになります。

　では、A，Bの方向からボールを入れたときの様子を、チューブを<u>下から見た図</u>で考えます。チューブは上から見ると時計回りですが、下から見ると反時計回りになります。ここで、Aからボールを入れて矢印の方向へ転がすと、図1のように、ボールは常に下へと移動し、チューブの回転に合わせて中を進み続けます。

実際はこんな感じですかね。

ここでの上下は、こういうことです。

上

下

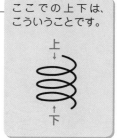

図1

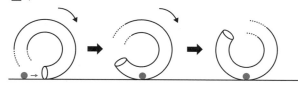

　しかし、Bからボールを入れると、図2のように、チューブが回転するとボールはこぼれ落ちてしまいますね。

図2

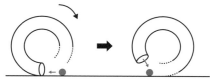

よって、ボールは「A」から入れ、「戻らずに進み続ける」を選びます。

　最後に、ボールが動いた距離ですが、チューブは上から見た周の長さが60cmですから、これを転がして3mを進むには5回転することになります。そして、実際のチューブの1周分の長さは1mなので、1回転につきボールは1m動きますから、5回転で5m動くことになります。

　よって、「5m」を選び、正解は肢3です。

正解　3

図のア，イは、透明なセロファン紙に直線を引いたものである。これらを図Ⅰのように横向きに巻いていき、図Ⅱのような4回巻いた螺旋ができるためには、ア，イをそれぞれ何回巻けばよいか。ただし、図Ⅲのような状態を、2回巻いたということとする。

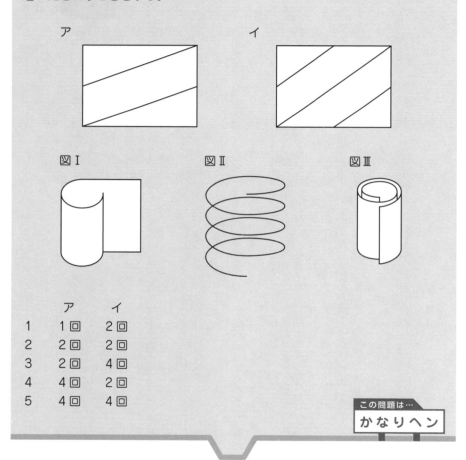

ア　　　　　　　　　　　　　　イ

図Ⅰ　　　　　　　　図Ⅱ　　　　　　　図Ⅲ

	ア	イ
1	1回	2回
2	2回	2回
3	2回	4回
4	4回	2回
5	4回	4回

この問題は…
かなりヘン

　アを図1のように上下に二等分すると、それぞれで全く同じ線が描かれているのがわかります。セロファン紙を1回巻くと、1本の線は1回巻いた螺旋になりますから、セロファン紙を2回巻けば、上下それぞれの対角線が2本ずつ巻いた螺旋ができ、合わせると、図のような4回巻いた螺旋になります。

図1

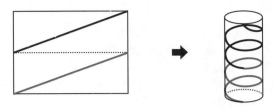

　次に、イを図2のように左右に二等分すると、左と右で全く同じ線が描かれているのがわかります。この場合、たとえば、左半分を1回巻いて、さらに右半分を1回巻くと、**左半分の線と右半分の線は重なってしまいます。**

　したがって、左右の片方だけで**4回巻きの螺旋を描く必要がありますね。**ここで、さらに上下に二等分すると、左半分に引かれた線はアと同じ構成ですから、**左半分で2回巻けば4回巻いた螺旋ができ、さらに、右半分で2回巻く**と、螺旋は重なりますが、図のように4回巻いた螺旋を描くことができます。

図2

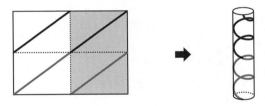

　よって、アは2回、イは4回で、正解は肢3です。

正解 ▶ 3

　10m/s で鉛直下向きに雨が降っている。この雨の中で図Ⅰのような車のフロントガラスに当たる雨について考える。

　車が停止している状態では、現時点から 0.1 秒後までの間に、フロントガラスに当たる雨の領域は、図Ⅱの斜線部分のようになる。

　いま、車が 10m/s の速さで前向きに走るとき、現時点から 0.1 秒後までの間に、フロントガラスに当たる雨の領域を示したものとして妥当なのはどれか。

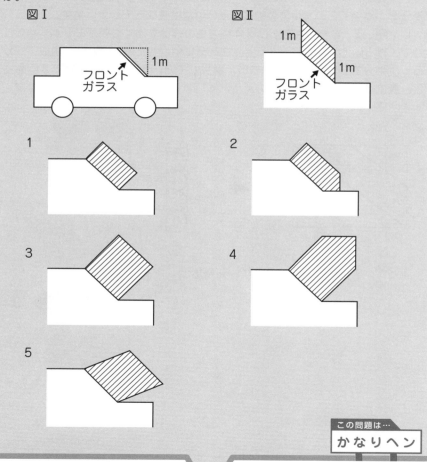

図Ⅰ

フロント
ガラス

1m

図Ⅱ

1m

フロント
ガラス

1m

1

2

3

4

5

まず、車が停止している状態では、与えられた図Ⅱの雨の領域のうち、0.1秒後にフロントガラスに当たる雨は次図1の①の太線部分にある雨ですね。同様に、0.05秒後に当たる雨は②の太線部分にある雨となります。

図1

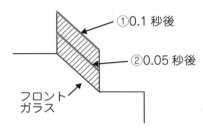

①0.1秒後

②0.05秒後

フロント
ガラス

　では、車が10m/sの速さで前向きに走ったときの、0.1秒後の車の位置を考えると、10m/s × 0.1秒＝1mだけ前へ進みますので、図2のような位置になります。この位置において、スタートから0.1秒後にフロントガラスに当たる雨は③の太線部分にある雨となります。

> 破線がスタートの位置、実線が0.1秒後の位置ですね。

図2

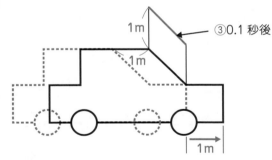

1m

1m

③0.1秒後

1m

> スタート時の車（破線）から見ると、③が0.1秒後に当たる予定の雨ということですよ。

　同様に、0.05秒後の車の位置と、その位置において0.05秒後に当たる雨は次ページ図3の④の太線部分にある雨となります。

図3

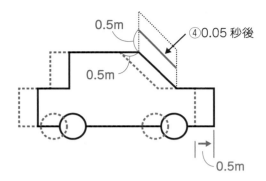

0.5m

④0.05秒後

0.5m

0.5m

　これより、スタート時のフロントガラスと③，④の位置関係を確認すると図4のようになり、図のθは45°とわかりますね。

> 直角をはさむ2辺がともに1mの直角二等辺三角形ができてますね。

図4

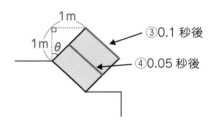

1m

1m　θ

③0.1秒後

④0.05秒後

　すなわち、0.1秒後までの間にフロントガラスに当たる雨の領域は図4の色の付いた四角形の部分とわかり、正解は肢3です。

> 0.01秒後、0.02秒後…の位置も同様に考えると、この四角形に収まるのがわかりますね。

正解 ▶ 3

図のような、点Oを中心とし、中心角90°のおうぎ形がある。このおうぎ形の円弧ＡＢを５等分する点のうち、ＣとＤからＯＡに垂直な線を引いたとき、斜線で示された部分の面積の合計はおうぎ形の面積の何倍か。

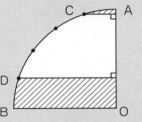

1 $\dfrac{1}{3}$ 2 $\dfrac{4}{15}$ 3 $\dfrac{1}{4}$ 4 $\dfrac{3}{8}$ 5 $\dfrac{2}{5}$

この問題は…
すごくフツー

図１のように、Ｃ，ＤからＯＡへ引いた垂線の足をＥ，Ｆとし、さらに、ＤからＯＢへ垂線ＤＧを引くと、四角形ＤＧＯＦは長方形ですから、対角線ＤＯによって２等分され、図のアとイの面積は等しいとわかります。

ここで、図２のように、ＯとＣを結びます。$\overset{\frown}{AC}=\overset{\frown}{BD}$より、図のウとエの図形は合同ですから、ＣＥ＝ＤＧとなり、これより、アとオも合同となります。

そうすると、イとオの面積もまた等しくなりますので、イの部分をオへ移動すると、斜線部分は図３のように変形でき、これは図のように、おうぎ形ＯＡＢを５等分したおうぎ形２個分に当たります。

図1   図2   図3

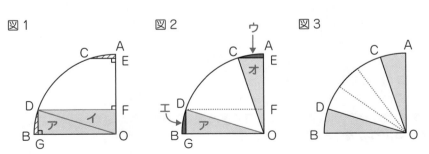

よって、斜線部分はおうぎ形の面積の$\dfrac{2}{5}$となり、正解は肢５です。

正解 5

図ⅠのようなOを中心として回転する装置がある。この装置の上に、たて4cm、よこ6cmの黒い長方形を2枚、重ならないように置いて、装置を高速回転させたところ、図Ⅱのような黒く塗りつぶされた円のようになった。

この円の半径としてありうる数の最小値と最大値を正しく組み合わせているのはどれか。

図Ⅰ

図Ⅱ

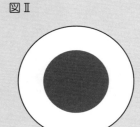

	最小値	最大値
1	4 cm	$4\sqrt{10}$ cm
2	4 cm	$4\sqrt{13}$ cm
3	5 cm	$4\sqrt{10}$ cm
4	5 cm	$4\sqrt{13}$ cm
5	6 cm	$4\sqrt{13}$ cm

この問題は…
わりとフツー

図Ⅱのような黒い円に見えるためには、長方形は円の<u>中心から外れて</u>はいけません。また、2枚の長方形の間に、回転したときに<u>すき間ができるような置き方をして</u>もいけませんね。

ここで、長方形が回転して描く円の半径について考えます。たとえば、長方形を図1のように置いて回転させた場合、長方形の4つの頂点が描く軌跡はそれぞれ図の破線のような円になり、中心から最も遠い点の描く軌跡が、この長方形が描く円の円周になります。すなわち、中心と、中心

それぞれ、こんな図になっちゃいますよね。

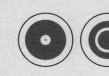

から最も遠い頂点を結ぶ距離が半径となるわけですね。

図1

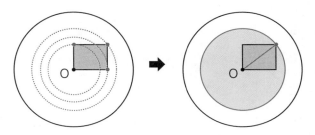

　では、まず、半径の最小値から求めます。中心から頂点までの距離がなるべく小さくなるように2枚の長方形を置くには、図2のように中央に2枚を並べて置けばいいですね。このとき、図のA〜Dがいずれも中心からの距離が等しくなり、この距離が半径になります。

　これより、たとえば、図3のAOの長さを求めると、<u>直角三角形AEO</u>より、AO＝5cmとわかります。

「3：4：5」の形ですね。

図2

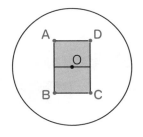

図3

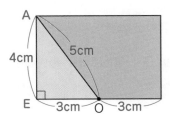

　次に、半径の最大値を求めます。今度は逆に、中心からの距離がなるべく大きくなるように長方形を置きます。

　まず、1枚目は次ページ図4のように置き、さらに2枚目をこれにつなげます。たとえば、図5のように横につなげると、半径は図のOAの長さとなり、三平方の定理より、$OA = \sqrt{4^2 + 12^2} = \sqrt{160} = 4\sqrt{10}$（cm）となります。

図4 | 図5

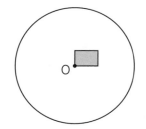 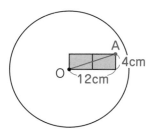

　しかし、2枚目の長方形をさらに図6のようにずらすと、半径はさらに大きくなるのがわかり、このときの図のOAの長さは、OA $= \sqrt{8^2 + 12^2} = \sqrt{208}$ $= 4\sqrt{13}$（cm）で、これが最大となります。

図6

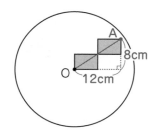

　これより、最小値は5cm、最大値は $4\sqrt{13}$ cm となり、正解は肢4です。

正解 ▶ 4

　図のような、正三角形2枚と直角二等辺三角形6枚からなる展開図がある。この展開図の点線部分をすべて谷折りにして組み立てると、立体Xができる。立体Xは、立方体を3つの頂点を通る平面で切断して三角錐の部分を取り除き、さらに、別の3つの頂点を通る平面で切断して三角錐の部分を取り除いた立体と同じ形である。この立体Xの辺abと平行になる辺をすべて太線で示した図として、正しいのはどれか。

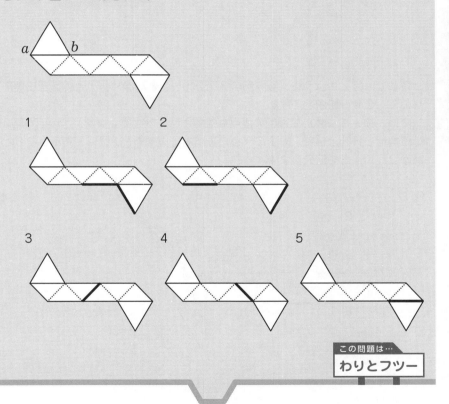

この問題は…

わりとフツー

　立体Xの展開図には正方形が1面もありませんので、立方体の6面すべてに切り口が入るよう切断したことになります。

　そうすると、たとえば、次ページ図1の立方体の頂点 B，D，Eを通る平面で切断し、さらに、その向かい

Aを頂点とする三角錐と、Aと対称な位置にあるGを頂点とする三角錐を取り除いたわけですね。

の頂点Ｃ，Ｆ，Ｈを通る平面で切断すれば、６面すべてが半分に切り落とされ、このような立体ができますね。

図１

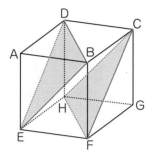

　ここで、図２のように、展開図の各面を①〜⑧とします。①と⑧は正三角形なので、これが切断面ですね。

　では、図１の立体と展開図の頂点を対応させてみます。まず、①の面を図１の三角形ＣＨＦとして、図２のように頂点を記入すると、②は三角形ＨＥＦとわかり、頂点Ｅを記入します。

図２

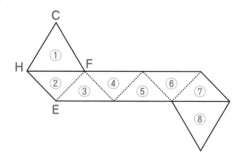

　そうすると、③の面は、②と辺ＥＦを共にする三角形ですから、三角形ＢＥＦとわかります。さらに、④の面は、③とＢＦを共にするので三角形ＢＦＣとなり、以下同様に調べると、⑤は三角形ＤＢＣ、⑥は三角形ＤＨＣ、⑦は三角形ＤＥＨ、⑧は三角形ＤＥＢとわかり、図３のようになります。

図3

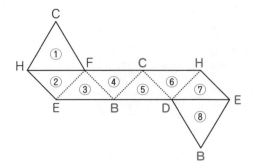

　問題の辺 ab は図1の辺HFですので、これと平行な辺を探すとDBのみとわかります。

　これより、図3のDBに当たる辺を太線で示した肢1が正解となります。

正 解　　1

図Ⅰの展開図において、破線を山折りすると、図Ⅱのような立体ができる。組み立てたとき図ⅠのＡの面と平行な面（同一平面上の面も含む）はア〜オのうちではどれか。

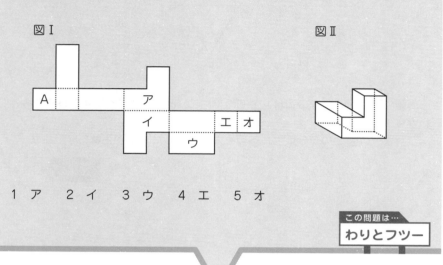

図Ⅰ

A ア イ エ オ ウ

図Ⅱ

1 ア 2 イ 3 ウ 4 エ 5 オ

この問題は…
わりとフツー

展開図のＡとア〜オ以外の面を図１のようにカ〜ケとします。最も大きいＬの字の２面（ア，イ）は、図Ⅱの正面と底面ですね。正面をア、底面をイとして、展開図の面と対応させてみると、アの隣のクの面は図２に示す面とわかります。また、図１の矢印の辺が重なりますので、ケの面も図２のようにわかります。

これでうまくできない場合は、アとイを逆にしてみましょう。ただ、この図形はどちらを正面としても成立することになりますよ。

図1

カ
A キ ク ア
イ ケ エ オ
ウ

図2

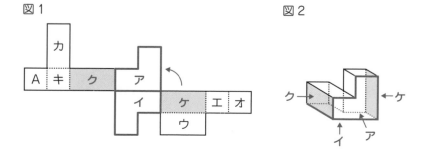

ク→ ←ケ
イ ア

さらに、図3の矢印の辺も重なりますので、その他の面の位置が図4のようにわかります。

図3   図4

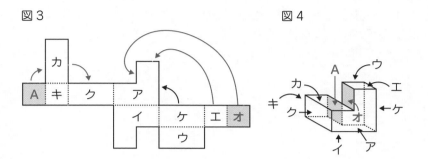

これより、ア〜オで、Aと平行になるのはオの面となり、正解は肢5です。

正 解 ▶ 5

色の付いた同じ大きさの立方体をいくつか床の上に積み上げた。図Ⅰはこれを上から見た図で、図Ⅱは正面から見た図である。このとき、この立体を右から見た図として最も妥当なのは次のうちどれか。

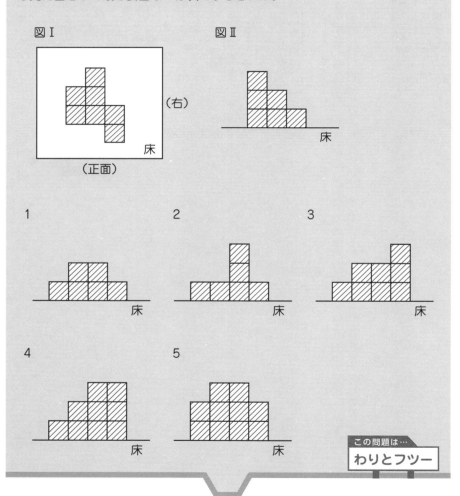

図Ⅰ

（右）

床

（正面）

図Ⅱ

床

1

床

2

床

3

床

4

床

5

床

上から見た図において、図のように、正面から見た各列を①〜③、右から見た各列を④〜⑦とします。正面から見た図より、①の列に 3 個見えていますから、図の A，B のうち少なくとも 1 か所に 3 個の立方体が積み上げられている

ことになります。そうすると、右から見た⑤、⑥のいずれかには3個が見える
はずですから、これが示されていない肢1と肢3が消
去できます。

　また、3個積み上げられているのは、①の列のみです
から、右から見て⑤、⑥以外の列に3個が見えるはず
はなく、⑦に3個見えている肢4も消去できます。

　次に、③の列に着目すると、ここには1個しか見えていませんので、図のC、
Dには1個しか積み上げられていませんね。これより、右から見ると、④の列
には1個しか見えないはずですので、この部分に2個が見えている肢5は消去
できます。

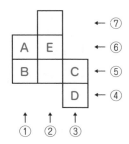

　残る肢2については、図のAに3個、Eに2個、その他には1個ずつ積み上
げられたとして、このような見え方が可能です。

　よって、最も妥当なのは肢2です。

正解 ▶ 2

2 面鏡の 2 枚の鏡の間の角度を 90°にし、間に箱を置くと図のように箱は鏡に 3 つ映る。いま、2 枚の鏡の間の角度を 60°にして、間に右手にボールを持った人形を置いたとき、鏡には人形が何体映り、そのうち右手にボールを持っているように見える人形は何体あるか。

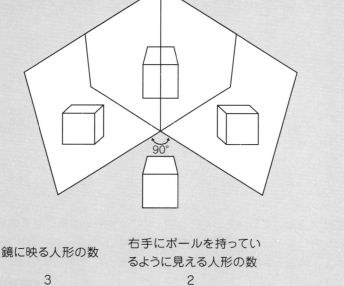

	鏡に映る人形の数	右手にボールを持っているように見える人形の数
1	3	2
2	5	2
3	5	3
4	7	3
5	7	4

この問題は…
かなりヘン

たとえば、物体Aを鏡に映した状態を上から見たとき、鏡の中の像は図 1 のようになり、Aと鏡の中のA´は鏡から対称な位置になります。このときのA´はAとは左右が逆になりますね。

図1

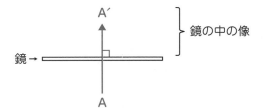

　では、2枚の鏡の間の角度を90°にした場合から確認します。図2のように、鏡①，②を90°の角度に置いて、その間に物体A1を置くと、鏡①，②にA2，A3のように映ります。また、鏡①には鏡②が映りますので、これを鏡③とし、同様に、鏡②に映った鏡①を鏡④とします。そうすると、A2，A3はそれぞれ鏡③，④に映り、これらはいずれもA4の位置になります。

図2

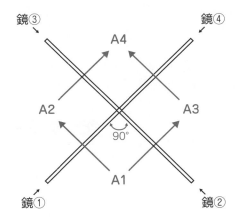

　これより、物体A1は、鏡にはA2，A3，A4の3つが映って見えることになり、A2とA3は、A1と左右が逆になりますが、A4はさらに逆になり、A1と同じになります。
　では、同様に、2枚の鏡の間の角度を60°にして考えます。図3のように、鏡①，②の間に物体A1を置くと、A2，A3のように映り、鏡も③，④のように映ります。さらに、A2，A3が鏡③，④にA4，A5のように映り、鏡も⑤，⑥のように映ります。そうすると、A4，A5は鏡⑤，⑥に映り、いずれもA6の位置になります。

図3

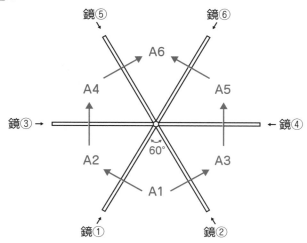

　これより、物体A1は、鏡にはA2～A6の5つが映って見えることになり、A2，A3は左右が逆になり、A4，A5はさらに逆でA1と同じになり、A6は再び逆になります。

　よって、A1が右手にボールを持った人形のとき、鏡に映る人形は5体で、同じ右手にボールを持っているのはA4，A5の位置に映る2体とわかり、正解は肢2です。

正解　2

図のような、針金で作られた立方体が
あり、中心には点光源が置かれている。
いま、この立方体を薄い紙でできた球で
覆い、球の中心と点光源の位置を合わせ、
球面に立方体の影を投射した。このとき、
図のX方向及びY方向から見たときの、
球面の影の形状について正しく組み合わ
せているのはどれか。

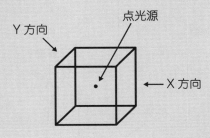

点光源

Y方向

← X方向

X方向

ア 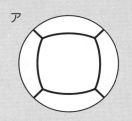 イ 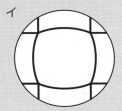 ウ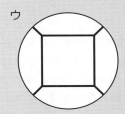

Y方向

エ 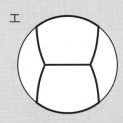 オ 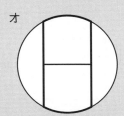 カ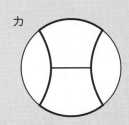

	X方向	Y方向
1	ア	エ
2	ア	カ
3	イ	カ
4	ウ	エ
5	ウ	オ

この問題は…
かなりヘン

球面に映る針金の影の形状を確認します。図1のように、光源と球の一部を横から見た図を描くと、球面に映る針金ＡＢの影は図のような曲線Ａ´Ｂ´になります。すなわち、**膨らんだ形の曲線**に見えるわけですね。

図1

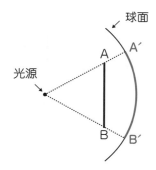

　では、Ｘ方向から見た影の形状を考えます。図2の立方体を矢印の方向（Ｘ方向）から見ると、図3のように見えますが、球面に投射した場合、手前（正面）の球面に映る影はやや膨らんで見えます。さらに、図2の**ア～エの辺が球面に映った影**も見えますので、図4のような形状になります。

図2　　　　　　　　　　　　図3　　　　　　　　　　　図4

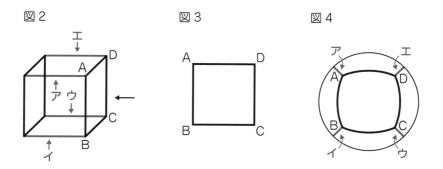

　次に、Ｙ方向から見た影の形状ですが、図5の立方体を矢印の方向（Ｙ方向）から見ると、図6のように見え、球面に投射するとやや膨らんで図7のような形状になります。

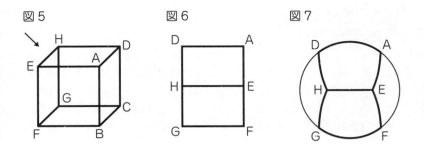

図5　図6　図7

よって、X方向はア、Y方向はエのような形状になり、正解は肢1です。

正解　1

　図Ⅰのようなワイングラスがあり、ワインが注がれる部分は円柱と半球を組み合わせた形でできている。このワイングラスに赤ワインを注ぎ、横から見ると図Ⅱのように見え、これを図Ⅲのように傾けた。図Ⅱの状態での水面の形は円であるが、図Ⅲの状態での水面の形として妥当なのはどれか。

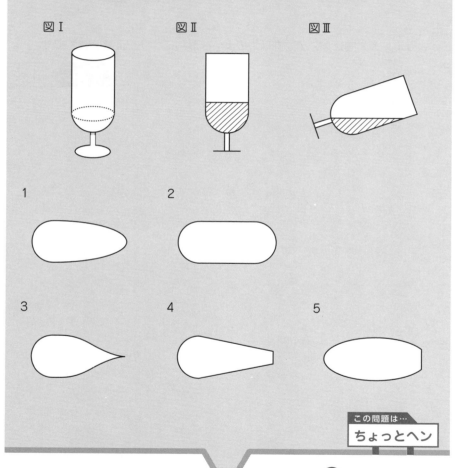

図Ⅰ　　　　　　　　図Ⅱ　　　　　　　　図Ⅲ

1

2

3

4

5

この問題は…
ちょっとヘン

　球を 1 つの平面で切断した場合、どこを切っても切断面は円になります。したがって、<u>グラスの半球部分にできる水面</u>は、円もしくは円の一部となります。

！ここがPOINT

水面は、グラスを切断したときの切断面として考えますよ。

また、円柱を1つの平面で切断した場合、切断面は次のようになり、①は底面に平行、②は底面に垂直に切断した場合で、その他は③のような楕円もしくは楕円の一部になります。グラスの円柱部分にできる水面は③に該当しますね。

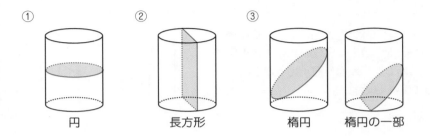

①　円　　　②　長方形　　　③　楕円　　楕円の一部

　よって、水面の形は、円の一部と楕円の一部を組み合わせた肢1が妥当となります。

正解 ▶ 1

27 個の小立方体を貼り合わせて、3 × 3 × 3 の立方体を作り、上面の中央の小立方体を取り除いて、図のような立体を作った。この図のA〜Dの4点を通る平面で切断し、切断面を黒く塗った図として正しいのはどれか。

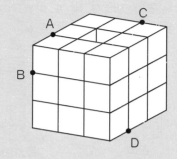

1
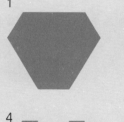

2
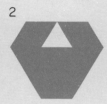

3

4

5

この問題は…
すごくフツー

切断面を描く手順に従って描きます。まず、AとB、AとCは同じ面上の2点ですから、それぞれ直接結びます。

さらに、ACから切り口を入れ、Dを通るような切断面を考えると、底面に抜けることがわかりますので、底面にはACと平行な切断線DEが入り、ここまでで図1のようになります。

✎ 切断面を描く手順
① 同じ面の上にある2点は直接結ぶ
② 平行な面上にある切断線は平行になるようにつなげる

図1

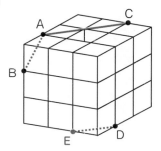

　ここで、BとEは同じ面上にありますので直接結びます。また、Dを通る切断線は、右側面を通りますから、これと平行な面にあるABと平行になるように、切断線DFを描きます。

　最後に、同じ面上にあるFとCを結んで、切断面は図2のような六角形になりますね。

図2

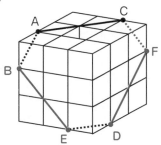

　次に、取り除かれた小立方体のあった部分（以下「空洞部分」とします）の形状を考えます。

　この部分のある一番上の段の平面図を、次ページ図3のように描くと、空洞部分は図の中央（色の付いた部分）になります。

　ここに、A，B，C，Fの位置を記入すると、図のG（ACの中点）が空洞部分に接しているのがわかります。

　さらに、切断面は、この段の底面で図のH，Iを通っているのがわかりますので、△GHIの部分が切断面の空白部分となります。

図3

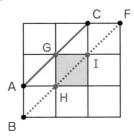

以上より、切断面は肢2のようになります。

正解　2

同じ大きさの 8 個の球と 12 本の棒を使って、図 I のような立方体を作った。さらに、図 II のように、この立方体のある 1 つの面の中央に球を置き、これと面の 4 頂点の球を棒で結んだ。同様の操作を他の 2 面にも行ったところ、中央に球が置かれた 3 面は、立方体の 1 つの頂点を共有していた。

この立方体をある方向から見た図としてあり得ないのはどれか。

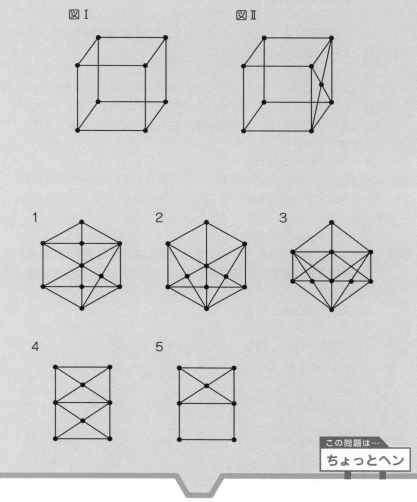

図 I   図 II

1   2   3

4   5

第2部 図形

図1のように、立方体の各頂点に置かれた球をA〜Hとします。

図1

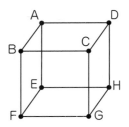

これより、選択肢それぞれの図にA〜Hに対応する点を書き込み、中央に球が置かれた面の位置関係を確認します。

肢1　図2のようにA〜Hとし、残る3点をP，Q，Rとすると、Pは上面ABCDの中央、Qは側面CGHDの中央、Rは底面EFGHの中央の球に当たります。この場合、上面と底面には共有する頂点はありませんので、条件を満たしません。

　　　よって、本肢はあり得ません。

肢2　同様に、図3のようにすると、Pは側面BFGCの中央、Qは側面CGHDの中央、Rは底面EFGHの中央の球に当たり、この3面は頂点Gを共にします。

　　　よって、本肢はあり得ます。

肢3　同様に、図4のようにすると、Pは上面ABCDの中央、Qは側面BFGCの中央、Rは側面CGHDの中央の球に当たり、この3面は頂点Cを共にします。

　　　よって、本肢はあり得ます。

図2

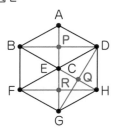

図3

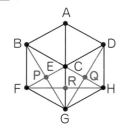

図4

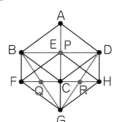

肢4 図5のようにA～Hとすると、EはBの奥に、H
　　はCの奥にあることになります。

奥に重なっています
が、実際には見えな
い点になります。

　　　このとき、Pは上面ＡＢＣＤまたは背面ＡＥＨＤ
　　の中央、Qは正面ＢＦＧＣまたは底面ＥＦＧＨの中
　　央の球に当たりますが、Pを含む面とQを含む面が
　　隣り合い、残る１球が側面ＢＦＥＡまたは側面ＣＧ
　　ＨＤの中央にあれば、球を含む３面が１頂点を共
　　にすることは可能です。

たとえば、Pが上面、
Qが正面で、あと1
球が左側面にあれ
ば、頂点Bを共にし
ますね。

　　　よって、本肢はあり得ます。
肢5 肢4と同様に、図6のようにすると、Pは上面ＡＢＣＤ及び背面ＡＥＨ
　　Ｄの中央の球となりますので、残る１球が側面ＢＦＥＡまたは側面ＣＧＨ
　　Ｄの中央にあれば、球を含む３面が１頂点を共にすることは可能です。
　　　よって、本肢はあり得ます。

図5　　　　　　　　　　図6

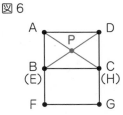

以上より、正解は肢１です。

正解　　1

第2部　図形

図Ⅰのように、隣り合う2面が穴でつながっている立方体がある。この立方体を10個貼り合わせて、図Ⅱのような立体を作ったところ、表面に見ることができる穴はA、Bの2つだけであり、また、AからBまで10個の立方体全ての穴がつながっていた。

Aから穴をたどっていき、穴Aのある立方体を1番目と数えたとき、斜線のある立方体は何番目に通るか。

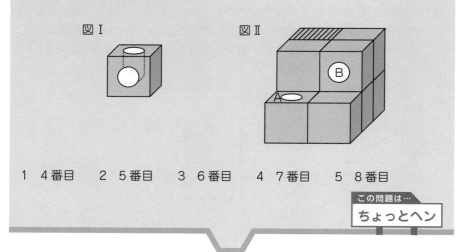

図Ⅰ　　　　　　　　図Ⅱ

1　4番目　　2　5番目　　3　6番目　　4　7番目　　5　8番目

この問題は…
ちょっとヘン

　図1のように、立体を2段に分けて平面図を描き、1番目（穴Aの立方体）と10番目（穴Bの立方体）をそれぞれ①、⑩とし、それ以外の立方体をC〜Jとします。

図1　　　　　1段目（下段）　　　　　　2段目（上段）

C	D
E	F
①	G

H	I
J	⑩

まず、Gに着目すると、この立方体は左側面と背面
以外の4面は表面に見えていますから、左側面と背面
に穴が開いていることになります。すなわち、Gの穴

図1の手前（下）を
正面として見ます。

は①とFにつながるわけで、Gが2番目、Fが3番目となります（以下、②,
③,…と記入します）。

次に、Fの穴のつながる先ですが、Fの正面と隣り合う面で表面に見えない
のは、上面と左側面です。しかし、上面の先は⑩なの
で、左側面のEにつながるとわかり、Eが4番目です
ね。

上面につなげると、
①→②→③→⑩で終
わってしまいますね。

では、Eの穴がつながる先を同様に考えると、上面
と背面の2通りがありますので、ここで、2段目を見てみます。

2段目の⑩の穴Bがつながる先は、底面か左側面ですが、底面はF（③）に
つながりますので、左側面のJにつながり、Jが9番目です。これより、Eの
穴のつながる先は、上面ではなく背面とわかり、Cが5番目ですね。また、J
の穴はHにつながり、Hが8番目です。

そうすると、残るDとIは6番目と7番目となり、図2のようにつながると
わかります。

図2　　　1段目（下段）　　　　　2段目（上段）

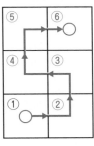

これより、斜線のある立方体（H）は8番目となり、正解は肢5です。

正解　5

　図のような、どの面にも同じ大きさの 9 個の正方形が描かれた箱があり、これと同じ大きさの正方形が各面に描かれた立方体のブロック A と、直方体のブロック B〜D がある。いま、A〜D のブロックを、正方形の面どうしが重なり、箱から上にはみ出ないように箱に入れる。どのブロックも、下面が箱の底面に接するか、もしくは他のブロックの上面と正方形 2 面以上が接するようにする。次のことが分かっているとき、C と D の下面が箱の底面と接している正方形の面の数として妥当なのはどれか。

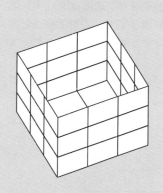
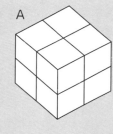
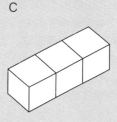
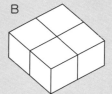
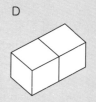

A　C

B　D

ア　A の下面は、他のブロックの上面と 2 面だけ接している。
イ　A と D は正方形 1 面だけ接している。
ウ　C は、A，D と面で接していない。

	C	D
1	1面	0面
2	1面	1面
3	1面	2面
4	3面	1面
5	3面	2面

この問題は…
わりとフツー

箱の上から３段それぞれの平面図を描いて、１段スライスの要領でブロックを入れていきます

　条件アより、Aは上段〜中段に入っていますので、図1のように記入し、残る部分を①〜⑲とします。

！ここがPOINT

図1では右上に入れましたが、どの部分に入れても同じですよ。

図1

上段			中段			下段		
①	A	A	⑥	A	A	⑪	⑫	⑬
②	A	A	⑦	A	A	⑭	⑮	⑯
③	④	⑤	⑧	⑨	⑩	⑰	⑱	⑲

　ここで、条件ウより、Aと接していないCは、（③，⑧，⑰）の位置に縦に入れるか、もしくは、（⑪，⑭，⑰）または（⑰，⑱，⑲）の位置に横に入れるかのいずれかとなり、いずれにおいても、⑰はCに確定します。

　また、条件ア，イより、下段でAと２面で接しているのはBまたはDですが、DはAと１面しか接していませんので、BとDが各１面、もしくは、Bが２面で接していることになります。

　しかし、BをAと１面しか接しないように下段に入れる方法は、（⑭，⑮，⑰，⑱）しかありませんが、⑰には入れられませんので、Aと２面で接するように入れることになります。つまり、（⑪，⑫，⑭，⑮）または（⑮，⑯，⑱，⑲）のいずれかですね。どちらも条件は同じですから、前者に入れるとし、ここまでで、図2のようになります。

Aのときと同様、どちらに入れても状況は同じですよ。

図2

上段			中段			下段		
①	A	A	⑥	A	A	B	B	⑬
②	A	A	⑦	A	A	B	B	⑯
③	④	⑤	⑧	⑨	⑩	C	⑱	⑲

ここで、Cの位置は、（③，⑧，⑰）または（⑰，⑱，⑲）に絞られました。

　しかし、Cを（⑰，⑱，⑲）に入れた場合、残るDは、条件ウより、Cのすぐ上の⑧〜⑩には入りませんし、また、③〜⑤では、下面がどのブロックにも接することがないので、ここにも入りません。

　そうすると、Dは残るどの位置に入れても、Aと2面が接することになり、条件イに反します。

　よって、Cは（③，⑧，⑰）に決まり、これと接することなく、Aと1面だけ接するDの位置は、（⑩，⑲）に決まり、図3のようになります。

> （①，⑥）（②，⑦）（⑥，⑦）（⑬，⑯）のいずれかですね。

> ②，④，⑦，⑨，⑱はCと接しますし、⑬，⑯は1番目の条件に反するので置けません。（①，⑥）だとAと2面が接してNGです。

図3

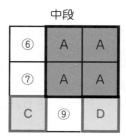

　これより、C，Dともに、底面と接するのは正方形1面で、正解は肢2です。

正 解　▶　2

図のようなA〜Hの文字が書かれた横長の紙がある。これを図のア〜キのいずれか1か所を選んで1回折り、さらに別の1か所を選んでもう1回折ったところ、BとFは重なり、DとHも重なったが、CとFは重ならなかった。

このとき、確実にいえるのはどれか。ただし、2回目に選んだ折り目に別の折り目が重なっていた場合、それらをまとめて折るものとする。

	ア	イ	ウ	エ	オ	カ	キ	
A	B	C	D	E	F	G	H

1　AとEは重なった。
2　CとGは重なった。
3　EとGは重なった。
4　イは1回目に折られた。
5　カは2回目に折られた。

この問題は…
ちょっとヘン

BとFの最初の位置関係を見ると、この状態からア〜キのどこかで1回折っても重なることはありません。すなわち、1回目に折ったところで、BとFの位置関係は変化したため、2回目に折って重なったことがわかります。

Dの真ん中の線で折らないと重なりませんね。

これより、1回目の折り目は、BとFの間にあるイ，ウ，エ，オのいずれかとなりますね。

ア，カ，キで折っても、BとFの位置関係は変わりませんからね。

また、DとHについても同様で、1回目にエ，オ，カ，キのいずれかで折られて位置関係が変わり、2回目で重なったことがわかります。

これより、1回目の折り目は、両方に共通するエ，オのいずれかとなりますが、エで折った場合、その時点でCとFが重なることになり、条件に反します。

1度重なったものはさらに折ることで離れたりしませんからね。

よって、1回目にはオで折り、ここで、次ページの図のように重なりますので、2回目はウで折るこ

165

とで、BとF、DとHがそれぞれ重なることがわかります。

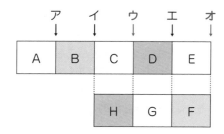

　これより、選択肢を検討します。

肢1　EはF，Bと重なりますが、Aはどの面とも重なりません。

肢2　2回目にウで折ることで、CとGは重なり、確実にいえます。

肢3　Gは1回目でD、2回目でC，Hと重なりますが、Eとは重なりません。

肢4　1回目はオです。

肢5　2回目はウです。

　以上より、正解は肢2です。

正解 ▶ 2

図Ⅰのような、縦，横のそれぞれを4等分する破線を引いた正方形があり、右上の角をA点とおく。この正方形を一辺の長さが $\frac{1}{4}$ になるように破線に沿って折り畳んだあと、図Ⅱのように、A点を共有する2辺のそれぞれ中点を結ぶ直線にハサミを入れた。このとき、図Ⅱの黒い部分を広げると、いくつかの紙片に分かれたが、その紙片の形と枚数について、正しく示しているのはどれか。

図Ⅰ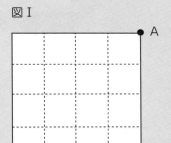

図Ⅱ

1 三角形のみ8枚
2 三角形のみ9枚
3 三角形4枚と、四角形4枚の計8枚
4 三角形4枚と、四角形5枚の計9枚
5 三角形8枚と、四角形1枚の計9枚

この問題は…
わりとフツー

Aの角の黒い部分を、折り目に対して対称に、順に描き込んでいくと次ページのようになります。

折る順番は関係ありません。

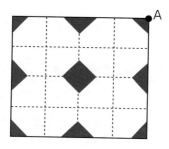

　これより、黒い部分の形と枚数は、三角形が 8 枚と四角形が 1 枚とわかり、正解は肢 5 です。

　図Ⅰのような、高さ 15 cm、底面の円周が 5 cm の円柱と、図Ⅱのような台形の紙がある。いま、円柱の上面の円周と台形の 5 cm の辺、円柱の底面の円周と台形の 20 cm の辺が重なるように、紙を左側から円柱にぴったりと巻き付けた。

　このとき、紙は 1 重，2 重，3 重，4 重になる部分があるが、図Ⅱの左側の 5 cm の部分で、3 重になる部分を斜線で示したものとして妥当なのはどれか。

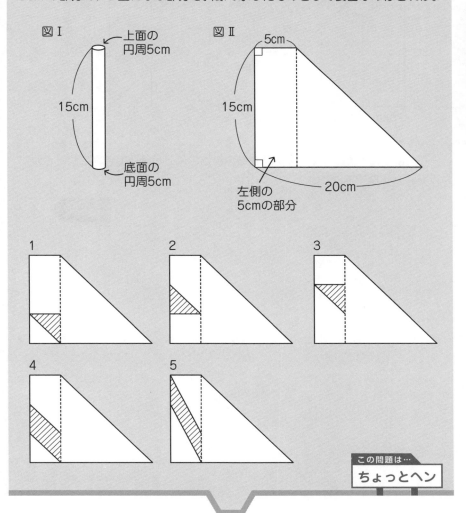

図Ⅰ
上面の円周5cm
15cm
底面の円周5cm

図Ⅱ
5cm
15cm
左側の5cmの部分
20cm

1
2
3
4
5

この問題は…
ちょっとヘン

台形の紙を左から5cmずつ区切ると、円柱に巻き付ける1周目〜4周目の範囲が、図1のようにわかります。

　さらに、1〜4周目を重ねると、1重〜4重の部分が図2のようにわかります。

図1   図2

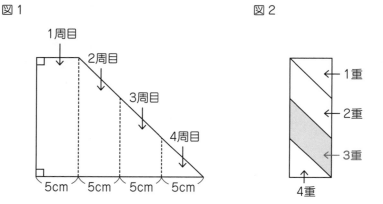

　これより、3重になるのは、図2の色付きの部分と確認でき、これと合致する肢4が正解です。

正解　4

図のような、同じ大きさの正三角形を組み合わせた面上に、同じ正三角形の面を持つ正四面体ABCDが置かれている。図の斜線部分には赤いペンキが塗られており、ここに触れると赤く着色される。

いま、正四面体は辺を軸として7回の回転をして直線 ℓ を通過した。このとき、赤く着色されたのが、面ABCと面ACDのみであったとすると、ア〜キのうち正四面体が通った2面はどれか。

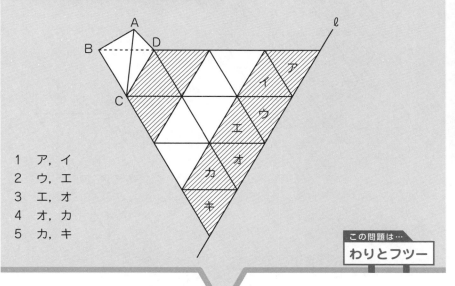

1　ア，イ
2　ウ，エ
3　エ，オ
4　オ，カ
5　カ，キ

この問題は…
わりとフツー

図1のような、上から見た図に頂点を記入して、移動後の頂点の位置を確認していきます。

図1

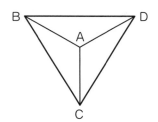

まず、ＣＤを軸として回転し、図２の①に移動します。ここで面ＡＣＤが①の面に触れ、赤く着色されます。条件より、この他に着色されるのは面ＡＢＣのみなので、次はＡＣを軸として②に移動し、面ＡＢＣが着色されます。ここまでの様子を位相図に表すと、図３のようになります。

図２

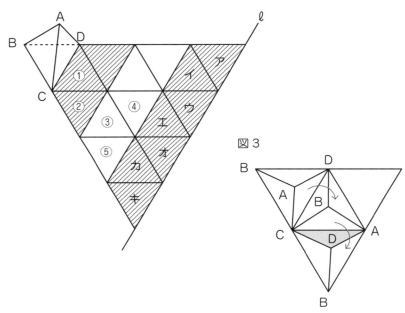

　次に、ＡＢを軸に図２の③へ移動し、その後は④または⑤に移動します。④へ移動した場合、次はエに、⑤へ移動した場合はカに、それぞれ移動することになりますね。

　ここで、④，⑤それぞれの位置での面の様子は図４のようになり、④→エでは、面ＢＣＤが着色されてしまい、条件に反します。

　よって、③→⑤→カと移動し、その後はオまたはキへ移動しますが、図４よりオへ移動すると、面ＡＢＤが着色されてしまいますので、カ→キと移動することがわかります。

図4

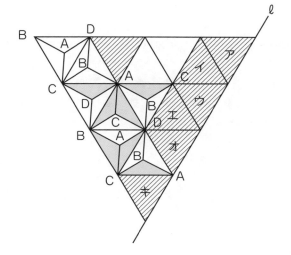

以上より、正解は肢5です。

正解　5

　図Ⅰのように、大きな円盤Ａの盤上に、↑の印が描かれた小さな円盤Ｂが
乗っており、それぞれの中心を軸に、矢印の方向に一定の速さで回転している。
円盤Ａは１分間で 120 度回転し、円盤Ｂに描かれた↑は、１分ごとに円盤Ａの
中心を向く。図Ⅱは、図Ⅰから１分後の円盤Ｂの様子を描いたものである。こ
のとき、円盤Ｂに描かれた↑は何秒ごとに北を指すか。

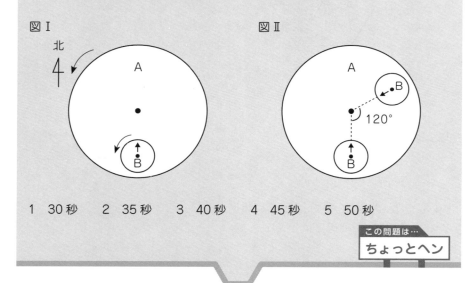

図Ⅰ

北

図Ⅱ

1　30 秒　　2　35 秒　　3　40 秒　　4　45 秒　　5　50 秒

この問題は…
ちょっとヘン

　１分間で、円盤Ａは反時計回りに 120 度回転しますから、円盤Ｂは図のＢ₁
からＢ₂へ移動したことになり、円盤Ｂの矢印の向
きは反時計回りに 120 度回転しているのがわかり
ます。

Ｂは同じ場所で中心を軸
に回転していますからね。

　また、円盤Ｂ自身も回転しており、１分ごとに円盤Ａの中心を向くわけです
から、１分で反時計回りに１回転していることになります。

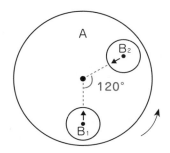

すなわち、この1分間で円盤Bの矢印の向きは120度＋360度＝480度回転していますので、B₁で矢印が北を指した後、360度回転して再び北を指すまでの時間は、60秒 × $\dfrac{360}{480}$ ＝ 45秒となります。

よって、正解は肢4です。

正解 ▶ 4

第3部

数 の 推 理

ある2桁の正の整数 a があり、158, 204, 273 のいずれを a で割っても割り切れず、余りは等しくなる。このとき、a の各位の和はいくらか。

1　5　　　2　8　　　3　10　　　4　12　　　5　15

この問題は…

わりとフツー

158, 204, 273 を a で割った商をそれぞれ p, q, r とし、余りは共通ですから、これを b とすると、次のように表せます。

$$ap + b = 158 \quad \cdots ①$$
$$aq + b = 204 \quad \cdots ②$$
$$ar + b = 273 \quad \cdots ③$$

②－①より、$aq + b - (ap + b) = 204 - 158$
$$aq + b - ap - b = 46$$
$$aq - ap = 46$$
$$a(q - p) = 46 \quad \cdots ④$$

③－②より、$ar + b - (aq + b) = 273 - 204$
$$ar + b - aq - b = 69$$
$$ar - aq = 69$$
$$a(r - q) = 69 \quad \cdots ⑤$$

④より、a は 46 の約数で、⑤より、同様に 69 の約数となりますので、a は 46 と 69 の公約数とわかります。$46 = 2 \times 23$, $69 = 3 \times 23$ ですから、この2数の最大公約数は 23 で、公約数は 1 と 23 の2つですね。条件より、a は2桁の整数ですから、$a = 23$ とわかります。

これより、a の各位の和は $2 + 3 = 5$ となり、正解は肢1です。

a と $(q - p)$ はいずれも整数で、かけて 46 ですから、46 は a で割り切れますね。

❗ここがPOINT

公約数は、最大公約数の約数ですからね。

正解　　1

No.
70

頻出度 第1位

整数

2019 年度

　図のように、大小の 2 つの円を重ねて上下左右を直線で分けた 8 つの区画を A 〜 H とする。それぞれの区画には 1 〜 8 の異なる数字が入り、B には 1 が入ることと次のことが分かっているとき、C に入る数字はいくらか。

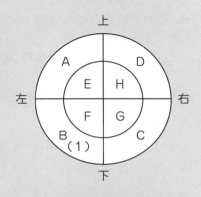

ア　上半分の 4 つの区画に入る数字の和と、下半分の 4 つの区画に入る数字の和は同じである。

イ　右半分の 4 つの区画に入る数字の和と、左半分の 4 つの区画に入る数字の和は同じである。

ウ　小さいほうの円の 4 つの区画に入る数字の和と、その外側の 4 つの区画に入る数字の和は同じである。

エ　D と H に入る数字の和は 8 で、D より H のほうが大きい。

オ　2 が入る区画は上半分の 4 つの区画のいずれかである。

1　4　　　2　5　　　3　6　　　4　7　　　5　8

この問題は…
ちょっとヘン

第3部　数的推理

　1 〜 8 の和を計算すると 36 で、その半分は 18 ですね。そうすると、条件ア〜ウより、上半分、下半分、右半分、左半分、内側の円、外側の円のそれぞれの 4 区画は、いずれも和が 18 になるとわかります。

　さらに、条件エより、右上の 2 区画（D, H）の和が 8 なので、左上の 2 区画（A, E）と右下の 2 区画（C, G）の和はいずれも 10 となります。これより、左下の 2 区画（B, F）の和は 8 となり、条件より、B＝1 ですから、F＝7 とわかりますね。

　ここで、最大の数である 8 が入る区画を考えると、右上には入りませんから、左上または右下のいずれかとなります。いずれにしても、2 区画の和は 10 ですから、（2, 8）の組合せで入ることになり、条件オよ

右上の D と H は和が8 ですから、それぞれは 7 以下の数ですよね。

179

り、左上のAとEが2と8のいずれかとわかります。

これより、残る右半分に入る数は、（3，4，5，6）となり、この中で和が8になる2数は（3，5）ですから、これが右上に入り、条件エより、D＝3，H＝5となります。

左半分に（1，2，7，8）が入るとわかりましたからね。

ここで、内側の円の4区画について、E＋G＝18－7－5＝6となり、Eに8は入りませんから、E＝2，G＝4となり、ここから、A＝8，C＝6がわかり、図のようになります。

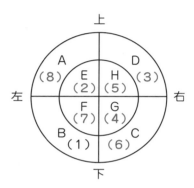

よって、Cに入るのは6で、正解は肢3です。

正解　3

1 ～ 1000 の整数のうち、15 でも 18 でも割り切れない数の個数として正しいのはどれか。

1 870　　2 880　　3 890　　4 900　　5 910

この問題は…
すごくフツー

15 または 18 のいずれかで割り切れる数のほうを考えます。その個数を数えて、1 ～ 1000 の 1000 個から引けばいいですね。

まず、15 で割れる数は 15 の倍数で、1 ～ 1000 の中には、1000 ÷ 15 ＝ 66.6… より、66 個あります。同様に、18 で割れる数は 18 の倍数で、1000 ÷ 18 ＝ 55.5 … より、55 個あります。また、15 と 18 の公倍数は、最小公倍数が 90 ですから、その倍数で、1000 ÷ 90 ＝ 11.1 … より、11 個あります。この 11 個は、15 の倍数、18 の倍数の両方にカウントされていますね。

> 15 と 18 の最小公倍数は、次の通り。
>
> ```
>   3)15  18
>      5   6
> ```
>   3 × 5 × 6 ＝ 90
>
> 最小公倍数 90 の倍数である、90, 180, 270, …が、15 と 18 の公倍数になります。

これより、15 または 18 で割りきれる数の個数は、15, 18 それぞれの倍数の個数の合計から、ダブってカウントされている 11 個を引いて、66 ＋ 55 − 11 ＝ 110（個）となります。

よって、15 でも 18 でも割り切れない数は、1000 − 110 ＝ 890（個）となり、正解は肢 3 です。

正 解　3

2桁の正の整数 A，B，C，D（A＜B＜C＜D）があり、4個のうち3個は奇数で、1個は偶数である。A～Dから2個を選んで足し合わせた数は全部で6個あり、互いに異なっている。これら6個の数を小さい方から順に4つ並べると、43，46，50，55となる。このとき、Dの各位の和はいくらか。

1 6　　2 7　　3 8　　4 9　　5 10

この問題は…
ちょっとヘン

　6個の数のうち最小の43は、A～Dのうち小さいほうから2個の和である「A＋B」となります。43は奇数ですから、<u>A，Bの一方が偶数でもう一方が奇数</u>になりますね。すなわち、1個しかない偶数はA，Bのいずれかで、C，Dは奇数とわかります。

偶数＋偶数＝偶数
奇数＋奇数＝偶数
偶数＋奇数＝奇数

　次に、6個の数のうち2番目に小さい46を考えます。「A＋B」の次に小さくなるのは、<u>この2数のうち大きいほうのBと、残る2数のうち小さいほうのCをチェンジした「A＋C」</u>ですね。46は偶数ですからA，Cは奇数で、偶数はBとわかります。

ここがPOINT
「A＋B」以外でなるべく小さくなるように考えるんですね。

　次に、6個の数のうち大きいほうの2個は与えられていませんが、小さいほうの数と同様に考えると、最大の数は「C＋D」、2番目に大きい数は「B＋D」となります。そうすると、残る50と55は「A＋D」と「B＋C」のいずれかですが、偶数はBだけですから、「A＋D」は偶数の50、「B＋C」は奇数の55とわかります。

　これより、A～Dは次のように求められます。

$$A＋B = 43 \quad \cdots① \qquad A＋C = 46 \quad \cdots②$$
$$A＋D = 50 \quad \cdots③ \qquad B＋C = 55 \quad \cdots④$$

①＋②－④より、A＋B＋A＋C－（B＋C）= 43＋46－55
$$A＋B＋A＋C－B－C = 34$$
$$2A = 34 \quad \therefore A = 17$$

①～③にA = 17を代入して、B = 26，C = 29，D = 33

よって、Dは33で、各位の和は3＋3＝6となり、正解は肢1です。

AとBにコインを64枚ずつ配り、じゃんけんをして勝った方が負けたほう
の持っているコインのちょうど半分をもらうというゲームをした。何回かじゃ
んけんを行った後、Aは50枚、Bは78枚のコインを持っていた。このとき、
じゃんけんをした回数はどれか。

1　3回
2　5回
3　7回
4　9回
5　11回

この問題は…
すごくフツー

　条件より、負けたほうは持っているコインの半分を相手に渡すので、残り半
分が手元に残ることになります。すなわち、渡す枚数と残る枚数は同じですね。
そうなると、当然、負けたほうの枚数は勝ったほうより少なくなりますので、
手元の枚数の少ないほうが直前のじゃんけんで負けたほうとわかります。
　これより、Aが50枚、Bが78枚を持っているということは、直前のじゃ
んけんではAが負け、Bに50枚を渡したことになり、渡す前は、Aは100枚、
Bは28枚だったことになります。
　そうすると、その前のじゃんけんではBが負け、Aに28枚を渡しています
ので、渡す前は、Aは72枚、Bは56枚だったとわかり、以下、同じように
遡って枚数を調べると、次のようになります。

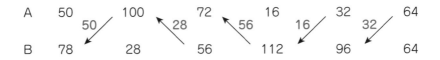

　これより、じゃんけんの回数は5回とわかり、正解は肢2です。

正解　2

正の整数 a, b について、次の計算①, ②を行う。ただし、割り算は1回ごとに小数点以下を切り捨て、また、式は変形したりしない。

$$(a + b) \div 4 \quad \cdots①$$
$$a \div 4 + b \div 4 \quad \cdots②$$

①の計算の答えが3であるとき、②の計算の答えとして有り得るものをすべてあげているのはどれか。

1　0, 1, 2, 3
2　1, 2, 3
3　2, 3
4　2, 3, 4
5　3, 4

この問題は…
わりとフツー

正の整数と、それを4で割って余りを切り捨てたときの商を対応させると、次のようになります。

正の整数	1, 2, 3	4, 5, 6, 7	8, 9, 10, 11	12, 13, 14, 15	16, 17, 18, 19
4で割った商	0	1	2	3	4

条件より、①の答えが3ですから、$a + b$ は12～15のいずれかとわかります。

これより、②の答えが選択肢の0～4のそれぞれの場合について、検討します。

I）②の答えが0の場合

a, b いずれも4で割った商が0であれば、②の答えは0になります。

そうすると、a, b いずれも1～3となり、$a + b$ は2～6にしかなりません。

余りは切り捨てます。
以下同じですよ。

185

これでは、①の答えが 3 にはなりませんので、このような場合はあり得ません。

Ⅱ）②の答えが 1 になる場合

　a, b それぞれを 4 で割った商が、0 と 1 の組合せであれば、②の答えは 1 になります。

　そうすると、a, b の一方は 1 〜 3、もう一方は 4 〜 7 で、$a + b$ は 5 〜 10 にしかなりません。

　よって、このような場合もあり得ません。

Ⅲ）②の答えが 2 になる場合

　a, b それぞれを 4 で割った商が、（0，2）（1，1）のいずれかの組合せであれば、②の答えは 2 になります。

　（0，2）の場合、a, b の一方は 1 〜 3、もう一方は 8 〜 11 で、$a + b$ は 9 〜 14 のいずれかですから、①の答えは 2 または 3 になります。

　また、（1，1）の場合も、a, b はいずれも 4 〜 7 で、$a + b$ は 8 〜 14 のいずれかですから、やはり、①の答えは 2 または 3 になります。

　よって、このような場合はあり得ます。

> ここで選択肢は 3，4 に絞られたから、あとは「4 の場合」を検討すればいいですよね。

Ⅳ）②の答えが 3 になる場合

　a, b それぞれを 4 で割った商が、（0，3）（1，2）のいずれかの組合せであれば、②の答えは 3 になります。

　（0，3）の場合、a, b の一方は 1 〜 3、もう一方は 12 〜 15 で、$a + b$ は 13 〜 18 のいずれかですから、①の答えは 3 または 4 になります。

　また、（1，2）の場合も、a, b の一方は 4 〜 7、もう一方は 8 〜 11 で、$a + b$ は 12 〜 18 のいずれかですから、やはり、①の答えは 3 または 4 になります。

　よって、このような場合はあり得ます。

Ⅴ）②の答えが 4 になる場合

　a, b それぞれを 4 で割った商が、（0，4）（1，3）（2，2）のいずれかの組合せであれば、②の答えは 4 になります。

　（0，4）の場合、a, b の一方は 1 〜 3、もう一方は 16 〜 19 で、$a + b$ は 17 〜 22 です。

　（1，3）の場合、a, b の一方は 4 〜 7、もう一方は 12 〜 15 で、$a + b$ は

16 〜 22 です。

（2，2）の場合、a, b はいずれも 8 〜 11 で、$a + b$ は 16 〜 22 です。

いずれの場合も、①の答えは 3 にはなりませんので、このような場合はあり得ません。

よって、②の答えとしてあり得るのは 2 と 3 のみで、正解は肢 3 です。

正 解 ▶ 3

次のような計算式がある。

A □ B □ 6 □ C　…①

A，B，Cには異なる数が入り、3，4，5のいずれかである。また、□には＋または×が入る。さらに、①の計算式に（　）をつけた②，③がある。

(A □ B) □ 6 □ C　…②
A □ B □ (6 □ C)　…③

①～③の計算式について次のことが分かっているとき、正しく言えるのはどれか。

・①～③の計算式の答えはいずれも異なる。
・①の答えと、②，③のいずれかの答えの差は10である。

1　4の隣は×である。
2　5の隣は×である。
3　Aには4が入る。
4　Bには5が入る。
5　Cには3が入る。

この問題は…
わりとフツー

　②，③は（　）の中を先に計算しますので、①～③の答えが異なるのは計算の順序が異なるためと考えられます。

　そうすると、仮に□に入る記号がすべて＋、または、すべて×だとすると、どのような順序で計算しても同じ答えになりますから、このようなことはありません。

　また、「A□B」が「A×B」だとすると、①，②はいずれもここを最初に計算し、そのあとは同じですから答えも同じになります。したがって、ここは「A＋B」に決まります。同様に、「6□C」も、「6×C」だとすると、①，③の答えが同じになり、ここも「6＋C」

2番目の□が＋だと、「A＋B＋6C」に、2番目の□が×だと、「A＋6BC」になりますね。

に決まります。そうすると、残る「B□6」ですが、ここも「B＋6」だと、前述のようにすべて同じ答えになりますので、「B×6」に決まり、①の計算式は「A＋B×6＋C」とわかります。

これより、①〜③を次のように整理します。

①　A＋B×6＋C＝A＋6B＋C
②　（A＋B）×6＋C＝6A＋6B＋C
③　A＋B×（6＋C）＝A＋6B＋BC

ここで、①と②の差、①と③の差を調べるとは次のようになります。

①と②の差　→　②－①＝6A－A＝5A　　　…ア
①と③の差　→　③－①＝BC－C＝C（B－1）　…イ

条件より、このいずれかが10になるわけですが、10を2数の積で表すと、「1×10」または「2×5」ですから、アの場合はA＝2となり、条件を満たしません。

A，B，Cは、3，4，5のいずれかですよ。

そうすると、イのほうに決まり、B＝3，C＝5で条件を満たし、残るAは4とわかります。

よって、正解は肢3です。

正解　3

正の整数を 2 で割り、割り切れないときは余りを切り捨てるという操作を行う。例えば、この操作 1 回によって、4 と 5 はいずれも 2 となる。この操作を 5 回くり返して 1 になる数のうち、最大の数の各位の数字の和はいくらか。

1 9   2 10   3 11   4 12   5 13

この問題は…
わりとフツー

最後の 1 から 5 回の操作を遡って調べます。まず、この操作で 1 になる数は 2 と 3 ですね。そして、2 になる数は 4 と 5、3 になる数は 6 と 7 です。そうすると、次は、4, 5, 6, 7 になる数を調べていくわけですが、求めるのは最大の数なので、この中で最大の 7 だけを調べればいいとわかるでしょう。

これより、最大となる数を順に調べると、次のようになります。

```
   5回目   4回目   3回目   2回目   1回目
 1 ←   2
        3 ←   6
             7 ←  14
                 15 ←  30
                      31 ←  62
                           63
```

すべての数を調べると、1 ←(2, 3)←(4〜7)←(8〜15)←(16〜31)←(32〜63)で、さほど面倒でもありません。でも、最大の数だけ考える方が省エネですよね。

よって、最大の数は 63 で、各位の和は 6 + 3 = 9 となり、正解は肢 1 です。

正 解 **1**

ある3桁の整数Xは偶数で、百の位の数は十の位の数より小さい。また、X
を2倍にした数2Xも3桁の整数で、百の位の数は一の位の数より4だけ大
きく、十の位の数は奇数である。このとき、ある数Xの一の位の数と十の位の
数と百の位の数の和はいくらか。

1　12　　2　13　　3　14　　4　15　　5　16

この問題は…

すごくフツー

まず、Xは偶数ですから、一の位は偶数です。これとその他の条件を、次の
ように整理します。

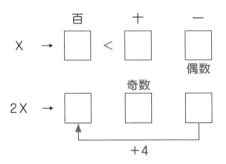

また、2Xは2の倍数ですから、その一の位もまた偶数となります。しかし、
百の位はそれより4大きいわけですから、一の位は6未満となります。

また、2Xの十の位は、Xの十の位を2倍しただけであれば偶数となるはず
ですが、条件より、奇数なので、一の位から繰り上が
りがあり、Xの一の位は5以上で、偶数ですから、6,
8のいずれかとなります。しかし、これが8の場合、
その2倍は16で、2Xの一の位は6となりますが、す

一の位が5～9だと、
2倍して10～18な
ので、十の位に「1」
が繰り上がりますね。

でに確認したように、この数は6未満なので、Xの一の位は6に決まり、6の
2倍は12ですから、2Xの一の位は2となります。

これより、2Xの百の位は、2＋4＝6となり、Xの百の位はその半分の3
で、条件より、Xの十の位は4以上となります。しかし、これが5以上の場合、

２Xの十の位は 10 を超え、百の位に繰り上がるため、百の位は奇数になって
しまいます。

　よって、Xの十の位は 4 に決まり、次のように確定します。

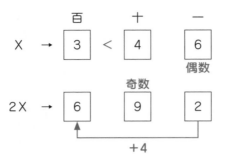

　以上より、Xの一の位と十の位と百の位の和は、6 ＋ 4 ＋ 3 ＝ 13 となり、
正解は肢 2 です。

正　解　▶　2

あるゲーム大会では、参加者全員で予選を行ったあと、次の①, ②のルールに従って、ステージ1, ステージ2 … の順で行われた。

①：ステージ1では、予選の成績の上位の者から順に3人ずつの組を作って対戦する。それぞれの組の中で勝者1人だけが次のステージへ進むことができ、以下、これを繰り返す。

②：①で3人ずつの組を作るとき、最後に1人または2人が残り、3人の組を作れなかった場合、その残った者は自動的にそのステージでの敗退が決まる。

ステージ3で勝ち残った者が1人となり、優勝が決まった。ステージ1〜3を通して②のルールによって不戦敗となった者の合計は3人であった。このとき、ステージ1〜3で行われたゲームの対戦回数の合計は最大で何回か。

1　18回
2　19回
3　21回
4　22回
5　24回

この問題は…
わりとフツー

条件より、それぞれの組から1人だけの勝者が次のステージに進み、ステージ3で勝ち残りが1人なので、ステージ3の対戦は1組だけだったことになります。

これより、ステージ3で対戦したのは3人ですが、ステージ3に進んだ人数は3〜5人となり、対戦回数が最大になるのは5人の場合と考えられます。

ステージ3に進んだのが5人であれば、ステージ2では5組の対戦が行われたので、その対戦に参加したのは3×5＝15（人）となり

ルール②より、1人または2人の不戦敗がいる可能性がありますね。ステージ3に進んだ人数が多いほど、その前の対戦数も多いはずですから、ステージ3の不戦敗が最大の場合を考えましょう！

ます。そうすると、ステージ2に進んだ人数は不戦敗も合わせて15〜17人

となりますが、条件より不戦敗はステージ3の2人と合わせて3人なので、ここでは1人だけで、16人と考えられます。

ステージ2に進んだのが16人であれば、ステージ1では16組の対戦が行われたことになり、ステージ1〜3の対戦数の合計は16 + 5 + 1 = 22（回）で、図に表すと次のようになります。

残る不戦敗1人がステージ1の可能性もありますが、その場合、ステージ2に進んだのは15人ですから、ステージ1の対戦は15組で、1組少なくなりますね。

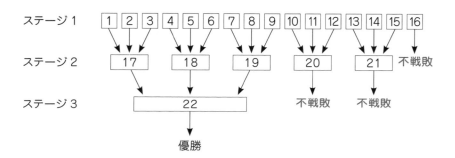

以上より、正解は肢4です。

正　解　4

ある 2 桁の正の整数 a の約数の個数は、1 と a とその他 3 個の計 5 個である。この整数を 3 倍して $3a$ とすると、約数の個数は $3a$ の 1 個が増えるだけで、全部で 6 個となる。a の一の位と十の位の数の差はいくらか。

1　3
2　4
3　5
4　6
5　7

この問題は…
わりとフツー

約数の個数は、素因数分解したときの、各素数の指数に 1 を加えた数の積で求められます。

たとえば、40 の約数の個数は、40 を素因数分解すると、$40 = 2^3 \times 5$ となりますので、2 と 5 のそれぞれの指数 3 と 1 に 1 を加えてかけ合わせると、$(3 + 1) \times (1 + 1) = 8$（個）と求められます。

> $5 = 5^1$ ですから、「5」の指数は 1 ですよね。

これより、a の約数の個数を考えます。a を素因数分解したときに、$a = m \times n \cdots$ と、2 種類以上の素数の積で表されるとすると、約数の個数は、（m の指数 + 1）×（n の指数 + 1）×…と、2 以上の数を 2 個以上かけた数になります。しかし、それでは、a の約数の個数である「5」にはなりませんので、a は素因数分解しても「$m \times n \cdots$」のような 2 個以上の素数の積にはならないとわかります。

> 5 は素数ですから、「1 × 5」としか表せませんからね。

そうすると、a を素因数分解した形は、$a = m^k$ のように、1 個の素数（m）の累乗数になっており、その指数（k）に 1 を加えた数が 5 ですから、$a = m^4$ と表せる数、つまり、1 個の素数の 4 乗となる数であることがわかります。

さらに、a は 2 桁の整数ですから、条件を満たす数は、$2^4 = 16$、$3^4 = 81$ の 2 通りとなり、それぞれについて、a を 3 倍した数の約数の個数を求めると、次のようになります。

Ⅰ）$a = 2^4 = 16$ のとき

　$3a = 2^4 \times 3$ より、約数の個数は、$(4 + 1) \times (1 + 1) = 10$（個）で、条件を満たしません。

Ⅱ）$a = 3^4 = 81$ のとき

　$3a = 3^4 \times 3 = 3^5$ より、約数の個数は、$5 + 1 = 6$（個）で条件を満たします。

　よって、$a = 81$ とわかり、十の位と一の位の差は、$8 - 1 = 7$ で、正解は肢5です。

正 解　5

雑貨屋である商品を購入し、1000円札を出したところ、お釣りとして硬貨が5枚返ってきた。5枚の硬貨のうち、10円硬貨は1枚だけであり、また、5枚の硬貨を金額が2：1になるように分けることができた。このようなお釣りの金額は2通りあるが、その金額の差はいくらか。

ただし、硬貨は500円硬貨，100円硬貨，50円硬貨，10円硬貨，5円硬貨，1円硬貨の6種類のいずれかで、お釣りは硬貨の枚数が最も少なくなるように払われたものとする。

1 243円
2 293円
3 297円
4 349円
5 357円

この問題は…

わりとフツー

第3部　数的推理

　お釣りは硬貨の枚数が最も少なくなるよう払われたのですから、500円，50円，5円硬貨は、2枚以上はありません。また、条件より10円硬貨は1枚だけですから、複数枚の可能性があるのは100円硬貨と1円硬貨だけです。

　ここで、5枚の硬貨を金額が2：1になるよう分けることを考えます。まず、10円硬貨が1枚使われており、この「10円」と2：1になる金額は「20円」または「5円」のいずれかですが、「20円」には10円硬貨が必要ですから、「5円」のほうを考えます。

　これより、「10円を含むグループ」と「5円を含むグループ」に分け、残る3枚の硬貨をA，B，Cとすると、これを1枚と2枚に分ける方法は次ページ表1の①，②の2通りがあります。しかし、①のように分けると、<u>Aが「B＋C」の2倍の金額になり、これを満たす硬貨はありません</u>ので、②のように分けることになります。

> A＝500円なら、B＋C＝250円、A＝100円なら、B＋C＝50円と、いくつか確認すればダメだとわかりますね。

197

表1

	10円を含むグループ	5円を含むグループ
①	10円，A	5円，B，C
②	10円，A，B	5円，C

　そうすると、②のA，B，Cがいずれも同じ金額であれば、（A＋B）：C＝2：1となりますので、複数枚が可能な100円硬貨と1円硬貨を当てはめると、表2のように、2通りの方法がわかります。

表2

10円を含むグループ	5円を含むグループ
10円，100円，100円	5円，100円
10円，1円，1円	5円，1円

　以上より、お釣りの金額は、210＋105＝315（円）と、12＋6＝18（円）の2通りで、その差は、315－18＝297（円）となり、正解は肢3です。

正解 ▶ 3

箱の中に、赤玉 20 個、青玉 15 個と白玉がいくつか入っていたが、このうちのいくつかの玉が箱からこぼれ落ちた。こぼれ落ちた玉の数は、赤玉が白玉の 2 倍であり、3 色合わせて 11 個であった。

また、箱の中に残っている玉の数は、青玉が白玉の 2 倍であった。初めに箱の中に入っていた白玉の数はいくつか。

1　6 個　　2　7 個　　3　8 個　　4　9 個　　5　10 個

この問題は…

すごくフツー

こぼれ落ちた赤玉と白玉の数は、2：1 で、合わせて 11 個以下ですから、（赤，白）＝（2，1）（4，2）（6，3）のいずれかです。すなわち、合わせて 3 個，6 個，9 個のいずれかとなり、これを 11 から引くと、こぼれ落ちた青玉の数は、8 個，5 個，2 個のいずれかとわかります。

しかし、箱の中に残っている青玉は、白玉の 2 倍の数で、2 の倍数（偶数）ですから、初めの 15 個から偶数を引くと、こぼれ落ちたのが奇数個とわかり、これを満たすのは 5 個しかありません。

これより、こぼれ落ちた玉は（赤，白）＝（4，2）で、箱に残った青玉は 15 － 5 ＝ 10（個）、白玉はその半分の 5 個となり、次の表のようにわかります。

	赤玉	青玉	白玉	合計
初めの箱の玉数	20	15	7	42
こぼれ落ちた玉数	4	5	2	11
箱に残った玉数	16	10	5	31

よって、初めの白玉の数は 7 個となり、正解は肢 2 です。

第3部　数的推理

正解　2

　　母が2歩で歩く距離を娘は5歩で歩く。また、1秒間に母は2歩、娘は3歩歩く。いま、ある場所から娘がまっすぐ前へ6秒歩いたところで、母が同じ場所から娘のほうへ歩き始めた。母が娘に追いつくのは母が歩き始めてから何秒後か。

1　3秒後
2　6秒後
3　9秒後
4　12秒後
5　15秒後

この問題は…
わりとフツー

　　同じ距離を母は2歩、娘は5歩で歩くので、2人の1歩当たりの歩幅の比は5：2ですね。さらに、同じ1秒間で母は2歩、娘は3歩歩くので、2人が1秒間で進む距離の比、すなわち、速さの比は次のようになります。

　　　母の速さ：娘の速さ＝（5 × 2）：（2 × 3）＝ 5：3

　　これより、2人の速さをそれぞれ、$5v$/秒，$3v$/秒とすると、娘が6秒で歩いた距離は $3v$/秒 × 6秒 ＝ $18v$ ですから、ここから母が娘を追いかけると、追いかけ算の公式より、追いつくまでの時間（t）は次のように求められます。

　　　$t = 18v \div (5v - 3v) = 18v \div 2v = 9$（秒）

　　よって、9秒後となり、正解は肢3です。

　旅人算

①出会い算の公式
　出会うまでの時間
　　＝2人の間の距離
　　　÷2人速さの和

②追いかけ算の公式
　追いつくまでの時間
　　＝2人の間の距離
　　　÷2人速さの差

正解 ▶ 3

三つの直線道路を3辺とする三角形のジョギングコースがあり、1周の長さは2,500mである。A～Cの3人がこのコースの三角形の頂点に当たる位置から同時にスタートした。3人はいずれも異なる頂点からスタートして反時計回りに走り、それぞれがすぐ隣の頂点を初めて超えたのも同時であった。このコースを1周するのに要した時間は、Aが9分、Bが10分、Cが15分であったとき、三角形の各辺の最大の長さと最小の長さの差はいくらか。

1 250m   2 300m   3 350m   4 400m   5 450m

この問題は…
ちょっとヘン

1周という「同じ距離」を走るのにかかる時間の比が、A：B：C＝9：10：15ですから、速さの比はその逆比で、次のようになります。

$$A : B : C = \frac{1}{9} : \frac{1}{10} : \frac{1}{15}$$

$$= 10 : 9 : 6$$

> 逆比とは、逆数の比のことです。2つの比なら、「2：3」の逆比は「3：2」のように入れ替えればいいですが、3つ以上の場合は注意しましょう！

> 9, 10, 15の最小公倍数90をそれぞれにかけて、簡単にします。

これより、A～Cが同時にスタートして同時に隣の頂点を超えるまでの「同じ時間」に走った距離の比は、速さの比と同じ10：9：6となりますので、これが3辺の比になります。

1周の長さは2500mですから、これを10：9：6に分けると、1000m、900m、600mとなり、最大と最小の長さの差は1000－600＝400（m）とわかります。

> 10＋9＋6＝25より、2500mを25等分して、10, 9, 6をかけます。

よって、正解は肢4です。

正解 ▶ 4

ある製品が直線状のベルトコンベア上に x 〔m〕の間隔で配置され、一定の速度で運ばれてくる。検査員がベルトコンベアの横に立つと、図のように、製品は 1 分当たり 3 個通り過ぎた。また、検査員がベルトコンベアの進行方向に 1 分当たり 20 〔m〕の速度で進んだところ、1 分当たり 2 個の製品を追い抜いた。

このとき、x 〔m〕はいくらか。

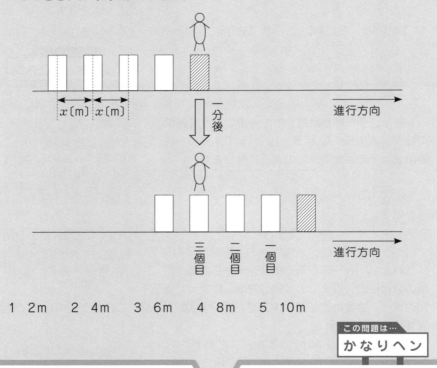

1 2m　　2 4m　　3 6m　　4 8m　　5 10m

この問題は…
かなりヘン

与えられた図で、初めに検査員の前にあった製品（図の斜線部分）をＡとします。1 分後には、進行方向に向かってＡより 3 個後ろにあった製品が検査員の前に来ているのがわかりますね。

そうすると、検査員が初めの位置から分速 20 m で歩いた場合、1 分後には進行方向に向かって 20 m 先へ移動していますが、図のように、この場所はＡから 2 個前の製品の位置

2 個目の製品を追い越した瞬間ということですよ。

となります。

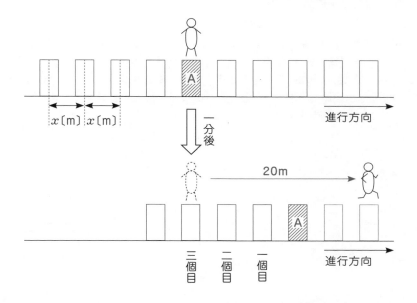

図より、製品の間隔 5 つ分が 20 m に当たりますので、$5x = 20$ m より、$x = 4$ m とわかり、正解は肢 2 です。

正解 ▶ **2**

　A 地点と B 地点の間の距離は 4,800 km で、この 2 地点間を往復する鉄道がある。どちら向きの列車の速さも同じで常に一定であるが、行きと帰りの平均の速さを、2 地点間の時差を考慮せずに計算してしまったため、行きの平均の速さは毎時 300 km、帰りの平均の速さは毎時 200 km となってしまった。このとき、A B 間の時差はいくらか。

1　1 時間
2　2 時間
3　3 時間
4　4 時間
5　5 時間

この問題は…

わりとフツー

　A B 間の距離は 4800 km で、時差を考慮しなかったときの行きの平均の速さが毎時 300 km ということは、このとき、かかった時間を 4800 ÷ 300 ＝ 16（時間）として計算していたことになります。同様に、帰りにかかった時間は 4800 ÷ 200 ＝ 24（時間）として計算したわけですね。

　しかし、実際には、行きも帰りも速さは同じですから、かかった時間も同じはずですが、①のほうは時差の分を足すのを忘れ、②からは時差の分を引くのを忘れたためにこのような数字になったわけです。

　そうすると、実際の時間は、16 時間と 24 時間のちょうど平均に当たる 20 時間で、時差は 4 時間とわかります。

　よって、正解は肢 4 です。

正　解　　4

毎時60kmで走ると、1Lのガソリンで12km走り、毎時100kmで走ると、1Lのガソリンで10km走る自動車がある。いま、この自動車で、A地点からB地点へ向かうのに、途中まで毎時60kmで走り、そこから毎時100kmで走ったところ、全部で5時間かかり、30Lのガソリンを使用した。このとき、AB間の距離はいくらか。

1　340km
2　350km
3　360km
4　370km
5　380km

この問題は…
すごくフツー

図のように、AB間を、毎時60kmで走った距離と毎時100kmで走った距離に分けて、それぞれの距離を x km と y km とします。

A ———— x km ———— ———— y km ———— B
（毎時60km）　　　　（毎時100km）

それぞれにかかった時間は合計で5時間ですから、次のような方程式が立ちます。

$$\frac{x}{60} + \frac{y}{100} = 5 \quad \cdots①$$

また、使用するガソリンについては、毎時60kmのとき、1Lで12km走るわけですから、x km走るときは $\frac{x}{12}$ L を使用し、同様に、毎時100kmのときは、$\frac{y}{10}$ L を使用します。ガソリンの合計は30Lなので、次のような方程式が立ちますね。

ここがPOINT

方程式を立てるときは、単位が揃っているか確認しましょう。
本問は、「時間」「km」で揃っていますね。

第3部　数的推理

$$\frac{x}{12} + \frac{y}{10} = 30 \quad \cdots ②$$

①，②を解いて、x，y を求めます。

①の両辺に 300 をかけて、$5x + 3y = 1500$ ⋯①′
②の両辺に 60 をかけて、　$5x + 6y = 1800$ ⋯②′
②′ − ①′ より　　　$5x + 6y = 1800$
　　　　　$-)\ 5x + 3y = 1500$
　　　　　　　　　$3y = 300$　∴ $y = 100$
$y = 100$ を①′に代入して、$5x + 300 = 1500$
　　　　　　　　　　$5x = 1200$　∴ $x = 240$

　これより、ＡＢ間の距離は $240 + 100 = 340$（km）とわかり、正解は肢 1 です。

正 解　1

ある企業には本社と営業所があり、社員数は全部で 120 名である。本社の男性社員の割合は 30％で、営業所の男性社員の人数は 42 名であった。ある年、営業所から本社へ 20 名が異動になったところ、本社の男性社員の割合は 40％になり、営業所の男性社員の割合は 50％になった。異動した男性社員の人数は何人か。

1　10人
2　12人
3　14人
4　16人
5　18人

この問題は…

すごくフツー

異動前と異動後の本社と営業所について、男性社員の割合や人数の変化を次のように整理します。

①男性社員の割合または人数

	本社	営業所
異動前	30％	42 名
異動後	40％	50％

ここで、異動前の本社の社員数を x 名とすると、社員数は全部で 120 名ですから、異動前の営業所の社員数は、$120 - x$（名）と表せます。

そうすると、異動後の社員数ですが、営業所から本社へ異動したのは 20 名ですから、本社の社員数は $x + 20$（名）となり、営業所の社員数は、$120 - x - 20 = 100 - x$（名）と表せ、次ページのように整理します。

②社員数

	本社	営業所
異動前	x	$120 - x$
異動後	$x + 20$	$100 - x$

　これより、②の社員数に①の割合をかけて、それぞれの男性社員の人数は、次のように表せますね。

③男性社員の人数

	本社	営業所
異動前	$0.3x$	42 名
異動後	$0.4(x + 20)$	$0.5(100 - x)$

　男性社員の合計人数は、異動前と異動後で変化はありませんので、次のような方程式が立ちます。

$$0.3x + 42 = 0.4(x + 20) + 0.5(100 - x)$$

　両辺に 10 をかけて、
$$3x + 420 = 4(x + 20) + 5(100 - x)$$
$$3x + 420 = 4x + 80 + 500 - 5x$$
$$4x = 160$$
$$\therefore x = 40$$

　これより、$x = 40$ を③に代入すると、本社の男性社員の異動前は、0.3 × 40 = 12（名）、異動後は、0.4 ×（40 + 20）= 24（名）とわかります。
　よって、異動した男性社員の人数は、24 − 12 = 12（名）となり、正解は肢 2 です。

正 解 ▶ 2

A，B，Cの3つのタンクがあり、Aの水量は100Lである。また、BとCの水量の比は2:3である。いま、30Lの水をA～Cに分けて追加したところ、追加後の水量の比は最初と同じであった。また、Aに追加した水量は、Bより2L多かった。追加後のCの水量はいくらか。

1　99L　　2　100L　　3　121L　　4　132L　　5　143L

この問題は…
わりとフツー

初めのBとCの水量の比は2:3で、水の追加後も変わらず2:3ですから、<u>追加した水量も2:3</u>とわかります。

　これより、BとCに追加した水量をそれぞれ$2x$L，$3x$Lとすると、条件より、Aに追加した水量は$2x+2$（L）と表せ、合計30Lですから、次のような式が立ちます。

初めの水量を$2m$，$3m$として、それぞれ$2n$，$3n$の水を追加すると、追加後の水量は、
　$(2m+2n):(3m+3n)$
$=2(m+n):3(m+n)$
$=2:3$
になりますよね。

$$2x+2+2x+3x=30$$
$$7x=28 \quad \therefore x=4$$

よって、B，Cに追加した水量はそれぞれ、$2×4=8$（L），$3×4=12$（L）、Aには、$8+2=10$（L）とわかります。そうすると、その比は、A：B：C＝10：8：12ですが、最初の水量の比もこれと同じで、Aが100Lですから、B，Cはそれぞれ80L，120Lだったとわかり、次のようになります。

	A	B	C
初めの水量	100L	80L	120L
追加した水量	10L	8L	12L
追加後の水量	110L	88L	132L

よって、追加後のCの水量は132Lで、正解は肢4です。

正　解　　4

第3部　数的推理

　ある会場では、たくさんの椅子が並んでおり、そのうちちょうど 1 割の椅子に人が座っている。ここから、毎分 5 脚の椅子を並べていき、毎分 7 人が椅子に座っていったところ、10 分後には全体のちょうど 6 割の椅子に人が座った状態になった。このとき、残りの椅子すべてに人が座った状態になるまで、あと何分かかるか。

1　14 分　　2　18 分　　3　22 分　　4　26 分　　5　30 分

この問題は…
わりとフツー

　初めの椅子の数を x 脚とすると、初めに座っていた人はその 1 割ですから、$0.1x$ 人と表せます。

　その後 10 分間で、並べられた椅子は $5 \times 10 = 50$（脚）、椅子に座った人は、$7 \times 10 = 70$（人）ですから、その時点での椅子の数は $x + 50$（脚）、座っている人は、$0.1x + 70$（人）と表せ、後者は前者の 6 割ですから、次のような方程式が立ちます。

$$0.6(x + 50) = 0.1x + 70$$
両辺に 10 をかけて、
$$6(x + 50) = x + 700$$
$$6x + 300 = x + 700$$
$$5x = 400 \quad \therefore x = 80$$

　これより、初めの椅子の数は 80 脚、座っていたのは 8 人となり、10 分後にはそれぞれ、$80 + 50 = 130$（脚）、$8 + 70 = 78$（人）となりますので、この時点で、人が座っていない椅子は $130 - 78 = 52$（脚）となります。

　1 分間に並べられる椅子は 5 脚、座っていく人は 7 人ですから、毎分 2 脚ずつ空席が減っていくことになりますので、52 席の空席が埋まるのにかかる時間は、$52 \div 2 = 26$（分）となり、正解は肢 4 です。

正 解　　4

箱の中に 10 本のくじがはいっており、そのうち 3 本だけが当たりくじである。この箱から 1 人 1 本ずつ順にくじを引き、引いたくじはもとに戻さない。当たりくじがなくなったところで終了とするとき、4 人目にくじを引いた人が当たりくじを引いて、そこで終了となる確率はいくらか。

1　$\dfrac{1}{10}$　　2　$\dfrac{1}{15}$　　3　$\dfrac{1}{20}$　　4　$\dfrac{1}{30}$　　5　$\dfrac{1}{40}$

この問題は…
すごくフツー

4 人目にくじを引いた人が 3 本目の当たりくじを引くということは、1 人目〜 3 人目のうち 2 人が当たりくじを、1 人がはずれくじを引いたことになり、その方法は次の 3 通りです。

	1人目	2人目	3人目	4人目
①	○	○	×	○
②	○	×	○	○
③	×	○	○	○

くじは元に戻さないので、1 本ずつ減って行きますから、①〜③それぞれの確率は、次のようになります。

① $\dfrac{3}{10} \times \dfrac{2}{9} \times \dfrac{7}{8} \times \dfrac{1}{7} = \dfrac{1}{120}$

② $\dfrac{3}{10} \times \dfrac{7}{9} \times \dfrac{2}{8} \times \dfrac{1}{7} = \dfrac{1}{120}$

③ $\dfrac{7}{10} \times \dfrac{3}{9} \times \dfrac{2}{8} \times \dfrac{1}{7} = \dfrac{1}{120}$

ここがPOINT
①〜③いずれも、分母は同じで、分子も順番はちがいますが同じ数字ですから、確率はどれも同じですね。ですから、1 つだけ計算して 3 倍すれば OK です！独立試行の公式を使うのもアリですね。

①〜③のいずれかが起こる確率は、$\dfrac{1}{120} \times 3 = \dfrac{1}{40}$ で、正解は肢 5 です。

正解 ▶ 5

図のような、1 面だけがグレーで、残りの 3 面は白色の正四面体がある。この正四面体を床の上に投げたとき、各面が下を向く確率はいずれも同じである。いま、この正四面体を床の上に投げ、白色の面が下を向いたら、投げることを続け、グレーの面が下を向いたら終了する。このとき、3 回以下で終了する確率として正しいのはどれか。

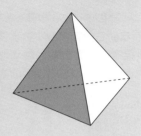

1　$\dfrac{1}{4}$　　2　$\dfrac{21}{64}$　　3　$\dfrac{7}{16}$　　4　$\dfrac{37}{64}$　　5　$\dfrac{3}{4}$

この問題は…
すごくフツー

グレーの面が下を向く確率は $\dfrac{1}{4}$ 、白色の面が下を向く確率は $\dfrac{3}{4}$ ですから、1 ～ 3 回目で終了する確率はそれぞれ次のようになります。

1 回目で終了　→　$\dfrac{1}{4}$　…①

2 回目で終了　→　$\dfrac{3}{4} \times \dfrac{1}{4} = \dfrac{3}{16}$　…②

3 回目で終了　→　$\dfrac{3}{4} \times \dfrac{3}{4} \times \dfrac{1}{4} = \dfrac{9}{64}$　…③

これより、①～③のいずれかが起こる確率は次のようになります。

$$\dfrac{1}{4} + \dfrac{3}{16} + \dfrac{9}{64} = \dfrac{16 + 12 + 9}{64} = \dfrac{37}{64}$$

また、本問は、余事象から求めることもできます。
「3 回以下で終了する」の余事象は、「3 回目でも終了しない」ですので、この確率を 1 から引いて次のようになります。

余事象

事象 A が起こる確率
＝ 1 － 事象Aが起こらない確率

$$1 - \frac{3}{4} \times \frac{3}{4} \times \frac{3}{4} = 1 - \frac{27}{64} = \frac{37}{64}$$

よって、正解は肢 4 です。

正 解 ▶ **4**

AとBが何枚かのコインを投げ、表の出た枚数が多いほうが勝ちとなるゲームをする。Aが100枚、Bが101枚のコインを投げるときBが勝つ確率は、次のような手順で求めることができる。文中の⑦，⑦，⑦には、それぞれ{　}の中に正しいものが1つずつあるが、⑦，⑦について正しいものを組み合わせているのはどれか。

　Aが100枚、Bが101枚のコインを投げるということは、A，Bがともに100枚のコインを投げた後、Bだけがもう1枚コインを投げるのと同じである。これより、まず2人とも100枚ずつのコインを投げ、そこでBが勝った場合、引き分けた場合、負けた場合のそれぞれについて、Bがさらに1枚コインを投げたとき、最終的にBの勝つ確率を次のように計算する。

　最初に2人が100枚ずつのコインを投げたときに、引き分けになる確率を p

とすると、この段階でBが勝つ確率、負ける確率は、いずれも⑦ $\left\{ \begin{array}{l} a\ \dfrac{1}{2} - p \\ b\ \dfrac{1-p}{2} \end{array} \right.$

である。

　さらに、Bがもう1枚を投げたときの事象について、次のようになる。

A，Bが100枚ずつ投げる	さらにBが1枚投げる
Bが勝つ （確率⑦）	⟶ 　必ずBの勝ちとなる
引き分ける （確率 p）	⟶ 　⑦ $\left\{ \begin{array}{l} a\ 必ずBの勝ちとなる \\ b\ Bが勝つか引き分ける \\ c\ 必ず引き分ける \end{array} \right.$
Bが負ける （確率⑦）	⟶ 　Bが負けるまたは引き分ける

　これより、それぞれの場合について、Bが勝つ場合の確率のみ計算して足し

合わせると、p が消去されて、Bが勝つ確率は⑦ $\left\{ \begin{array}{l} a\ \dfrac{2}{3} \\ b\ \dfrac{101}{201} \\ c\ \dfrac{1}{2} \end{array} \right.$ と求められる。

	㋐	㋒
1	a	b
2	a	c
3	b	a
4	b	b
5	b	c

この問題は…

かなりヘン

まず、㋐について、引き分けになる確率を p とすると、**勝負がつく確率は $1 - p$** となります。AとBは100枚ずつ投げるので、条件は同じですから、それぞれが勝つ確率は、これを半分にした $\dfrac{1-p}{2}$ となり、㋐は b です。

次に、㋑について、AとBが同じ枚数を投げて引き分けたということは、表が出た枚数が同じということです。ここでBがさらにもう1枚を投げたとき、それが表であれば、BがAを1枚だけ上回ってBの勝ちですが、裏であれば引き分けのままということになります。

よって、㋑も b となります。

これより、Bが勝つ方法は次の2通りで、それぞれの確率を確認します。

Bが初めに投げた100枚でAに勝つ　→　$\dfrac{1-p}{2}$ …①

Bが初めに投げた100枚でAと引き分け、その後に投げた1枚で表が出る。

→ $p \times \dfrac{1}{2}$ …②

これより、**Bが勝つ確率は①＋②**より、次のようになります。

$$\dfrac{1-p}{2} + \dfrac{1}{2}p = \dfrac{1-p+p}{2} = \dfrac{1}{2}$$

よって、㋒は c となり、正解は肢5です。

$\dfrac{1}{2}$ だと、Aと同じ確率と思われるかもしれませんが、引き分けの場合があるので、A は $\dfrac{1}{2}$ ではありません。②のチャンスがある分だけ、Bのほうが有利ということですね。

正解　5

ある濃度の砂糖水があり、これを 2 つの容器Ａ，Ｂに容積の比が 2：1 になるように分けた。さらに、それぞれの容器に水を 100mL ずつ注いでよく混ぜ合わせたところ、Ａの容器の濃度は 15％、Ｂの容器の濃度は 10％になった。初めの砂糖水の濃度はいくらであったか。

1 20%   2 24%   3 25%   4 27%   5 30%

この問題は…
ちょっとヘン

初めの砂糖水の濃度を x％、容器Ａ，Ｂの分けた砂糖水の量をそれぞれ $2y$ mL，y mL とします。砂糖水の中に含まれる砂糖の量は、「濃度×砂糖水の量」で表せますね。また、100mL の水を注ぐ前と後で、含まれる砂糖の量は変化しませんから、この砂糖の量で次のような式が立ちます。

容器Ａの砂糖水に含まれる砂糖の量について

$$\frac{x}{100} \times 2y = \frac{15}{100}(2y + 100)$$

両辺に 100 をかけて、

$$x \times 2y = 15(2y + 100)$$
$$2xy = 30y + 1500$$

両辺を 2 で割って、

$$xy = 15y + 750 \quad \cdots ①$$

> Ａは、水を注いだ後の砂糖水の量は $2y + 100$(mL)で、濃度は 15％になったんですよね。

容器Ｂの砂糖水に含まれる砂糖の量について

$$\frac{x}{100} \times y = \frac{10}{100}(y + 100)$$

両辺に 100 をかけて、

$$x \times y = 10(y + 100)$$
$$xy = 10y + 1000 \quad \cdots ②$$

①と②の左辺は同じですから、右辺も等しくなり、次のようになります。

$15y + 750 = 10y + 1000$

$5y = 250 \quad \therefore y = 50$

②に $y = 50$ を代入して、$50x = 10 \times 50 + 1000$

$$50x = 1500 \quad \therefore x = 30$$

これより、初めの砂糖水の濃度は 30％となり、正解は肢 5 です。

正解 ▶ 5

No.**94** 濃度

年度

次の文中のア，イに入るものとしていずれも正しいのはどれか。

濃縮タイプの麺つゆＡ，Ｂがあり、Ａに同量の水を加えた（2倍に薄めた）ものの濃さと、Ｂに4倍の量の水を加えた（5倍に薄めた）ものの濃さは等しくなり、これを規定の濃さとする。

あるとき、ＡとＢを取り違えて、Ｂを2倍に薄め規定より濃い麺つゆを100mL作り、Ａを5倍に薄め規定より薄い麺つゆを100mL作ってしまった。

そこで、間違って作った麺つゆをすべて混ぜ合わせたところ、規定よりも　ア　なった。これに、　イ　を加えることで規定の濃さの麺つゆを作ることができる。

      ア   イ
1   薄く   Ａを 15mL
2   薄く   Ａを 30mL
3   濃く   水を 60mL
4   濃く   水を 90mL
5   濃く   水を 120mL
```

この問題は…
**かなりヘン**

ＡとＢを取り違えて作った麺つゆは、いずれも100mLずつですから、それぞれ次のような分量で作られたことになります。

Ｂを2倍に薄めた麺つゆ　→　Ｂ50mL ＋ 水50mL
Ａを5倍に薄めた麺つゆ　→　Ａ20mL ＋ 水80mL

すなわち、これらを混ぜ合わせた麺つゆは、Ａ20mL，Ｂ50mLと水130mLでできていることがわかります。

規定の濃さにするには、本来、Ａには同量の、Ｂには4倍の水が必要なので、Ａ20mL、Ｂ50mLのそれぞれに必要な水の量は次のようになります。

Ａ20mLを規定の濃さにする　→　Ａ20mL ＋ 水20mL
Ｂ50mLを規定の濃さにする　→　Ｂ50mL ＋ 水200mL
```

これより、本来の必要な水の量は 220 mL であったことになります。

　そうすると、取り違えて作った麺つゆには 130 mL しか水が加えられていないので、あと 220 − 130 ＝ 90 mL の水を加えれば規定の濃さになることがわかります。水を加える必要があるので、アには「濃く」が入り、イには「水を 90 mL」が入って、正解は肢 4 です。

正解 ▶ **4**

　ある店が、バニラとチョコの 2 種類のアイスクリームを合計 40 個仕入れ、定価で販売した。バニラとチョコの定価の差は 150 円である。1 か月後、バニラはすべて売り切れたが、チョコは半数が売れ残ったので 30 円値引き、そしてすべて売り切った。その結果、売上額の合計はいずれも定価で売れた場合に比べて 480 円少なかった。また、チョコの売上額はバニラの 2 倍であった。このとき、バニラの定価はいくらか。

1　230 円　　2　280 円　　3　330 円　　4　380 円　　5　430 円

この問題は…
わりとフツー

　実際の売上額が定価ですべて売れた場合に比べて 480 円少なくなった原因は、チョコを 30 円値引きしたことにあり、ここから、値引きしたチョコの数は、480 ÷ 30 ＝ 16（個）とわかります。そして、これはチョコの仕入れ個数の半数に当たるので、仕入れ個数は、16 × 2 ＝ 32（個）で、バニラの仕入れ個数は 40 − 32 ＝ 8（個）となります。

　ここで、バニラとチョコの定価の差 150 円について、どちらが高いかを確認します。チョコの仕入れ個数は 32 個で、バニラの 8 個の 4 倍もありますね。しかし、売上額はわずか 2 倍です。ここから、バニラのほうが 1 個当たりの売値が高いことがわかります。そうすると、30 円の値引き分を考えても、定価はバニラのほうが 150 円高いと判断できます。

　これより、バニラの定価を x 円とすると、チョコの定価は $x − 150$（円）と表せ、チョコの売上額 ＝ バニラの売上額 × 2 より、次のような式が立ちます。

$$32（x − 150）− 480 = 8x × 2$$
　両辺を 16 で割って、
$$2（x − 150）− 30 = x$$
$$2x − 300 − 30 = x$$
$$x = 330$$

　よって、バニラの定価は 330 円で、正解は肢 3 です。

正解　3

　A〜Dの4人の子供がおり、Aがボールを1個持っている。次のルールに
従って、ボールの受け渡しを行ったとき、何通りの受け渡し方があるか。

ア　ボールを持っている子供が、他の3人のうちいずれか1人の子供にボール
　　を渡す。ただし、直前にボールを持っていた子供にボールを渡すことはで
　　きず、また、自分がボールを渡したことがある子供にも渡すことができな
　　い。
イ　Aがボールを受け取った時点で、受け渡しは終了する。
ウ　B〜Dは何回でもボールを受け取ることができ、また、1回もボールを受
　　け取らなくてもよい。

1　12 通り
2　15 通り
3　18 通り
4　21 通り
5　24 通り

この問題は…
わりとフツー

　　Aがボールを渡す相手は、B、C、Dのいずれか
ですが、この3人に区別はありませんので、たとえば、
Bに渡した場合について調べれば、C、Dも同様とわ
かります。

!ここがPOINT
Bに渡すより、Cに
渡すほうが多いとか、
あるわけないですね。

　　では、AがBに渡した場合、Bは、直前に持っていたA以外の2人に渡すこ
とができます。BがCに渡した場合、CはB以外の2人に渡すことができ、A
に渡せば終了です。また、CがDに渡した場合、DはC以外の2人に渡すこと
ができ、Aに渡せば終了、Bに渡した場合は、Bは、直前のDと一度渡したこ
とがあるCには渡せませんので、Aに渡して終了です。

　　ここまでを整理すると、次ページ図1の3通りとなります。

図1

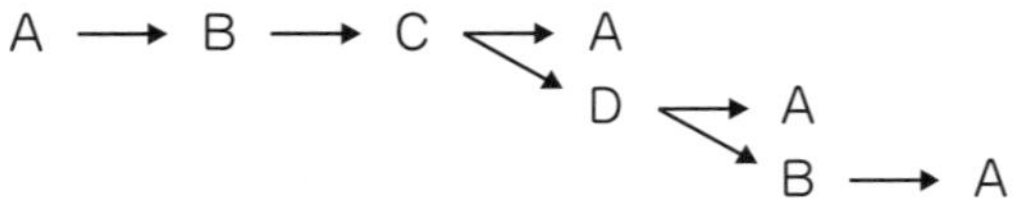

A → B → C → A
            C ↘ A
              D → A
              D ↘
                B → A

また、初めにAから受け取ったBが、Dに渡した場合、同様に図2の3通りとなります。

> この段階でのCとD
> も区別はありません
> からね。

図2

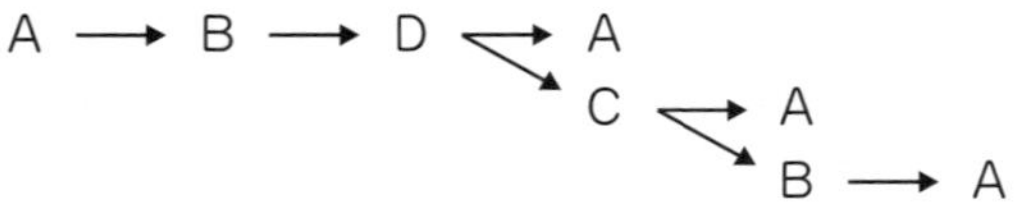

A → B → D → A
            D ↘ A
              C → A
              C ↘
                B → A

以上より、初めにAが、Bに渡した場合で6通りですから、C，Dに渡した場合も同様に6通りずつあり、全部で 6 × 3 = 18（通り）で、正解は肢3です。

正解　3

情報伝達における行動のタイプについて、A，B，Cの３つのタイプの人がいる。いずれのタイプの人も、ある情報を知ったとき、その当日は何も行動を起こさないが、翌日には、Aタイプの人は 10 人に、Bタイプの人は 5 人に、Cタイプの人は 2 人にそれぞれその情報を伝達し、それ以降は何もしない。また、A，B，C各タイプの人数の比は、1：4：5 である。ある年の 1 月 1 日に、ある情報を 100 人が知ったとき、この情報をその日に初めて知る人の数が 10 万人を超えるのは何月何日か。

1　1 月 4 日
2　1 月 5 日
3　1 月 6 日
4　1 月 7 日
5　1 月 8 日

この問題は…

わりとフツー

　　1 月 1 日に、この情報を知った 100 人の内訳は、**Aタイプが 10 人、Bタイプが 40 人、Cタイプが 50 人**ですから、1 月 2 日にそれぞれ次の人数に情報を伝達します。

> 1 ＋ 4 ＋ 5 ＝ 10 より、100 人を 10 等分して、1，4，5 倍にします。

$$
\begin{aligned}
\text{Aタイプ 10 人} &\rightarrow 10 \times 10 = 100 \text{（人）} \\
\text{Bタイプ 40 人} &\rightarrow 40 \times 5 = 200 \text{（人）} \\
\text{Cタイプ 50 人} &\rightarrow 50 \times 2 = 100 \text{（人）}
\end{aligned}
$$

　　これより、1 月 2 日にこの情報を知った人数は計 400 人で、これは、1 月 1 日に知った人数の 4 倍ですね。
　　そうすると、1 月 3 日には、この 400 人が同様に情報を伝達することで、400 × 4 ＝ 1600（人）が知ることになり、これ以降も同様に 4 倍の人数を考えると、次ページの表のようになります。

日 付	その日に情報を知った人数
1月1日	100 人
1月2日	100 × 4 = 400（人）
1月3日	400 × 4 = 1600（人）
1月4日	1600 × 4 = 6400（人）
1月5日	6400 × 4 = 25600（人）
1月6日	25600 × 4 = 102400（人）

これより、10 万人を超えるのは 1 月 6 日とわかり、正解は肢 3 です。

正 解　3

No. 98 魔方陣

2012 年度

正方形の方陣に、縦，横，斜めの各列の和がすべて等しくなるように数字を当てはめたものを魔方陣という。たとえば、図Ⅰのような 3 × 3 の方陣に 1 ～ 9 の数字を当てはめるとき、数字の和は 45 であるから、図のA，B，Cの各列の数字の和は 15 になることが分かる。

いま、図Ⅱのような 3 × 3 の方陣に、1，2，3，4，6，9，12，18，36 の 9 つの数字を当てはめ、縦，横，斜めの各列の積がいずれも等しくなるようにした。図の 3 か所に示された数字が分かっているとき、Xに当てはまる数はどれか。

図Ⅰ

8	1	
3		
4		
↑ A	↑ B	↑ C

図Ⅱ

	36	X
9		
		18

1　1　　2　2　　3　3　　4　4　　5　6

この問題は…
ちょっとヘン

まず、与えられた図Ⅰについて考えてみます。3 × 3 の魔方陣の場合、次ページ図 1 のように a ～ i とすると、中央の e は 4 つの列に共通していますので、e をはさんで対称な位置にある（a，i）（b，h）（c，g）（d，f）の 4 組はいずれも和が等しくなることがわかります。

図1

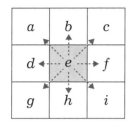

　これより、1〜9から2数の和が等しくなる4組を探すと、次のようになり、中央の e は5となります。この4組を図Ⅰに当てはめると、図2のようになりますね。

図2

和が10

8	1	6
3	5	7
4	9	2

　では、これを参考に、図Ⅱについて考えます。図Ⅰと同様に a 〜 i とすると、やはり中央の e が4列に共通なので、これをはさむ4組はいずれも積が等しくなることがわかります。

　ここから、同様に、与えられた9つの数字で2数の積が等しくなる4組を探すと次のようになり、中央の e は6となります。

積が36

　これより、図Ⅱの中央に6、これをはさんで対称な位置に（1，36）（2，18）（4，9）を当てはめると図3のようになります。

　残るXとその対称な位置には（3，12）が入りますが、真ん中の列より、1列の積は「36 × 6 × 1」ですから、1番上の行から、2 × 36 × X = 6 × 36 より、X = 3 がわかり、図4のように完成します。

図3

2	36	X
9	6	4
	1	18

よって、正解は肢3です。

図4

2	36	3
9	6	4
12	1	18

第3部　数的推理

誕生日が同じであるＡとＢがおり、ＡはＢより年下である。ＡがＢと同じ年齢になるとき、ＢはＡの年齢の 1.2 倍になる。また、ＢがＡと同じ年齢のとき、2 人の年齢の和は 42 歳であった。このとき、ＡとＢの年齢の差はいくらか。

1　4　　　2　6　　　3　8　　　4　10　　　5　12

この問題は…

ちょっとヘン

現在のＢの年齢を x 歳とすると、条件より、Ａが x 歳になったとき、Ｂは 1.2x 歳になりますから、2 人の年齢の差は $1.2x - x = 0.2x$ となります。

これより、現在のＡの年齢はＢより $0.2x$ 低いので、$x - 0.2x = 0.8x$（歳）と表せます。

そうすると、Ｂが現在のＡと同じ $0.8x$ 歳のとき、Ａの年齢はやはりＢより $0.2x$ 低いので、$0.8x - 0.2x = 0.6x$（歳）となり、条件より、このときの 2 人の年齢の和は 42 歳ですから、次のような式が立ちます。

$$0.8x + 0.6x = 42$$
$$1.4x = 42 \quad \therefore x = 30$$

よって、現在のＢの年齢は 30 歳で、2 人の年齢の差は、$0.2x = 0.2 \times 30 = 6$ とわかり、正解は肢 2 です。

正 解　　2

バスケットボール選手Aがシュートを打つとき、得点が2点である2ポイントシュートと、得点が3点である3ポイントシュートのみを打つ。ある試合で、選手Aの得点の合計は60点、全シュートの成功率は40％、2ポイントシュートの成功率は60％、3ポイントシュートの成功率は30％であるとき、選手Aが打ったシュートの本数はどれか。

ただし、成功率とは、打ったシュートの本数に対する成功したシュートの本数の割合をいう。

1　50本　　2　55本　　3　60本　　4　65本　　5　70本

この問題は…
わりとフツー

選手Aが打った2ポイントシュートと3ポイントシュートの本数を、それぞれ x 本，y 本とすると、成功した本数は、それぞれ $0.6x$ 本，$0.3y$ 本と表せます。また、全シュートの本数は $x + y$（本）ですから、成功した本数は $0.4(x + y)$ 本と表せ、ここから、次のような方程式が立ちます。

$$0.6x + 0.3y = 0.4(x + y) \quad \cdots ①$$

さらに、得点について、次のような方程式が立ちます。

$$2 \times 0.6x + 3 \times 0.3y = 60 \quad \cdots ②$$

①の両辺に10をかけて、$6x + 3y = 4(x + y)$
$\qquad\qquad\qquad\qquad\quad 6x + 3y = 4x + 4y$
$\qquad\qquad\qquad\qquad\quad 2x = y$
②の両辺に10をかけて、$12x + 9y = 600$
$y = 2x$ を代入して、$\qquad 12x + 18x = 600$
$\qquad\qquad\qquad\qquad\quad 30x = 600 \quad \therefore x = 20$
$y = 2x$ に、$x = 20$ を代入して、$y = 40$

よって、選手Ａが打ったシュートの本数は、２ポイントシュートが 20 本と
３ポイントシュートが 40 本の合計 60 本で、正解は肢 3 です。

正 解 　3

あるイベントの参加者数は 100 人以上 200 人未満であった。参加者全員を 8 人ずつのグループに分けると 2 人余り、18 人ずつのグループに分けると 8 人余る。このとき、参加者全員を 7 人ずつのグループに分けるとすると、何人余るか。

1　1人　　2　2人　　3　3人　　4　4人　　5　5人

この問題は…
すごくフツー

条件より、参加人数は、8 で割ると 2 余り、18 で割ると 8 余る数ですね。余りは一致していませんから、不足のほうを見ると、8 で割った不足は 6、18 で割った不足は 10 で、こちらも一致しません。

> 2 人余るということは、あと 6 人いたら、ちょうど 8 で割り切れるということですよね。

すなわち、余りも不足も一致しないタイプになりますので、まず、両方に当てはまる最初の数を探すと、次のように 26 とわかります。

8 で割ると 2 余る数　→　2　10　18　26　…
18 で割ると 8 余る数　→　8　26　…

そうすると、8 と 18 の最小公倍数は 72 ですから、このような数は、72 の倍数 + 26 と表せ、100 〜 200 の範囲で探すと、72 × 2 + 26 = 170（人）とわかります。

> 公倍数は、最小公倍数の倍数です。今回は下の法則の③ですね。

よって、参加人数は 170 人となり、これを 7 人ずつのグループに分けると、170 ÷ 7 = 24 余り 2 より、余る人数は 2 人で、正解は肢 2 です。

✍ **剰余系**
① a で割っても b で割っても c 余る数→a, b の公倍数 + c
② a で割っても b で割っても c 不足する数→a, b の公倍数 − c
③ a で割ると c 余り、b で割ると d 余る数→a, b の公倍数 + 条件を満たす最小の数

第3部　数的推理

正解　2

　ある 4 階建てのビルに、定員 20 人のエレベーターが 1 台ある。あるとき、このエレベーターが、1 階から 4 階まで各階に停止しながら上昇した。1 階で人が乗る前は誰も乗っておらず、4 階では全員が下りた。また、一旦降りた人が再び乗ることはなかった。このときのエレベーターの乗り降りについて次のことが分かっているとき、2 階から 3 階の間で乗っていた人数はどれか。

ア　1 階で乗った人については、2 階，3 階，4 階で降りた人数はいずれも同じであった。
イ　2 階で乗った人については、3 階，4 階で降りた人数は同じであった。
ウ　3 階で乗った人数は、2 階で乗った人数の 2 倍であった。
エ　1 階から 2 階の間で乗っていた人の人数と、3 階から 4 階の間で乗っていた人の人数は同じであった。

1　7人　　2　9人　　3　12人　　4　14人　　5　16人

この問題は…
わりとフツー

　条件アより、1 階で乗った人数は、2，3，4 階で同じ人数だけ降りていますので、3 の倍数になります。これより、1 階で乗った人数を $3a$ 人とすると、2，3，4 階で a 人ずつ降りたことになりますね。同様に、条件イより、2 階で乗った人数を $2b$ 人とすると、3，4 階で b 人ずつ降りたことになり、条件ウより、3 階で乗った人数は $2b \times 2 = 4b$（人）と表せ、これらを表 1 のように整理します。

表 1

	1 階	2 階	3 階	4 階
乗った人数	$3a$	$2b$	$4b$	—
降りた人数	—	a	$a + b$	$a + b + 4b$

3 階で乗った人は全員 4 階で降りていますからね。

　これより、1 階から上昇するときに乗っていた人数は $3a$ 人ですが、3 階から上昇するときに乗っていた人数は次のようになります。

$$3a - a + 2b - (a + b) + 4b = a + 5b \text{ （人）}$$

そうすると、条件エより、次のような式が立ちます。

$$3a = a + 5b$$
$$2a = 5b$$
$$\therefore a : b = 5 : 2$$

これより、a, b として考えられる数は、$(a, b) = (5, 2)$, $(10, 4)$, $(15, 6)$ … となりますが、a が 10 以上だと、1 階で乗った人数が $3 \times 10 = 30$（人）以上になり、条件に反します。

エレベーターは20人乗りですよ。

よって、$a = 5$, $b = 2$ に決まり、これを表 1 に当てはめて、各階でエレベーターに残った人数を計算すると、表 2 のようになります。

表 2

	1 階	2 階	3 階	4 階
乗った人数	15	4	8	−
降りた人数	−	5	7	15
残った人数	15	14	15	−

これより、2 階から 3 階の間で乗っていた人数は 14 人で、正解は肢 4 です。

正解 ▶ **4**

第4部

資料解釈

　図は、ある産業の、アジア現地法人の日本向け販売額，現地販売額，逆輸入比率を示したものである。この図から正しくいえるのはどれか。

　ただし、逆輸入比率とは、以下の計算式で求められる値をいう。

$$逆輸入比率 = \frac{アジア現地法人の日本向け販売額}{アジアからの輸入総額} \times 100（\%）$$

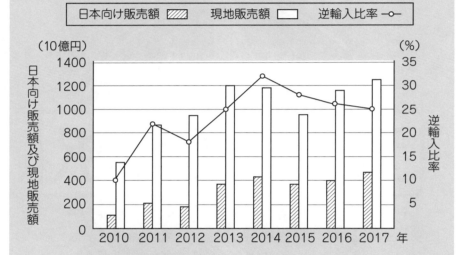

1　2011年から2017年について、日本向け販売額は前年に比べて増加したが、逆輸入比率は前年に比べて減少した年が3回ある。

2　2010年と2017年について、日本向け販売額と現地販売額の合計は、2017年は2010年の3倍以上である。

3　2013年について、現地販売額の対前年増加率は、日本向け販売額の対前年増加率より高い。

4　2014年から2017年について、日本向け販売額と現地販売額の合計に占める日本向け販売額の比率は、いずれも25％を上回っている。

5　2015年と2016年についてみると、アジアからの輸入総額は2015年のほうが大きい。

この問題は…
わりとフツー

肢1　そのような年は、16年，17年の2回で、本肢は正しくいえません。

肢2　2010年の日本向け販売額と現地販売額の合計は、グラフの長さから600を超えるとわかります。一方、2017年のそれは1800に足りませんので、2010年の3倍には及びませんね。よって本肢は正しくいえません。

肢3　2012年→2013年で、現地販売額は約950→1200で、1.3倍まで増えていませんね。一方、日本向け販売額のそれは、200弱→370程度でおよそ2倍です。

　　　よって、日本向け販売額のほうが増加率は大きく、本肢は正しくいえません。

肢4　日本向け販売額と現地販売額の合計に占める日本向け販売額の比率が25％だとすると、現地販売額は75％ですから、その比は$25 : 75 = 1 : 3$になります。すなわち日本向け販売額が現地販売額の$\dfrac{1}{3}$を上回れば、比率は25％を上回ることになりますね。

　　　これより、2014年から2017年を確認すると、いずれの年も、現地販売額は日本向け販売額の3倍に満たないので、日本向け販売額が現地販売額の$\dfrac{1}{3}$を上回り、本肢は正しくいえます。

肢5　逆輸入比率の式より、次のようになります。

$$\text{逆輸入比率} = \frac{\text{日本向け販売額}}{\text{アジアからの輸入総額}}$$

両辺に「アジアからの輸入総額」をかけて、
　　　逆輸入比率×アジアからの輸入総額 = 日本向け販売額

$$\text{アジアからの輸入総額} = \frac{\text{日本向け販売額}}{\text{逆輸入比率}}$$

　　　これより、15年と16年について見ると、日本向け販売額は15年＜16年で、逆輸入比率は15年＞16年ですから、<u>アジアからの輸入総額は15年＜16年</u>となり、本肢は正しくいえません。

16年のほうが分子が大きく分母が小さいので、分数は大きくなりますね。

正解　4

図は、ある地域の 2015 年における、登録車数と軽自動車数の推移と、対前年同月増加率を示したものである。この図から正しくいえることがア〜エの中に 2 つあるが、その組合せとして正しいものはどれか。

ただし、登録車とは、軽自動車以外の自動車のことをいう。

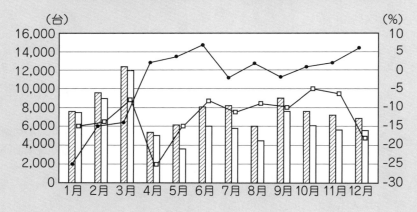

ア　2015 年において、登録車数と軽自動車数の合計は、最も多い月においては、最も少ない月の 3 倍を上回っている。

イ　2015 年において、登録車数の 1 月〜 6 月の合計は、7 月〜 12 月の合計より多い。

ウ　2014 年において、4 月は登録車数より軽自動車数のほうが多い。

エ　2014 年において、11 月と 12 月の登録車数を比較すると、12 月のほうが多い。

1　ア，ウ　　2　ア，エ　　3　イ，ウ　　4　イ，エ　　5　ウ，エ

この問題は…
わりとフツー

238

ア　登録車数と軽自動車数の合計が最も多い月は 3 月で、24000 ちょっとです。一方、最も少ない月は 5 月で、およそ 10000 ですから、前者は後者の 3 倍には及びません。

よって、アは正しくいえません。

イ　登録車数の合計をそれぞれざっくりと計算します。

1～6 月　→　7500 ＋ 9500 ＋ 12500 ＋ 5500 ＋ 6000 ＋ 8000 ＝ 49000

7～12 月　→　8000 ＋ 6000 ＋ 9000 ＋ 7500 ＋ 7000 ＋ 7000 ＝ 44500

よって、誤差を考慮しても 1 ～ 6 月のほうが多く、イは正しくいえます。

ウ　登録車数の 2015 年 4 月は 5000 ちょっとで、前年同月より 2％程度増加していますから、2014 年 4 月は<u>それよりやや少なかった</u>とわかります。

一方、軽自動車数の 2015 年 4 月はおよそ 5000 ですが、前年同月より 25％ほど減少していますので、<u>2014 年の 4 月は 6000 を超えていた</u>とわかります。

よって、2014 年 4 月は、登録車数＜軽自動車数となり、ウは正しくいえます。

> 14 年 → 15 年で 100 → 75 ですから、14 年は 15 年の $\frac{100}{75} = \frac{4}{3}$ 倍で、5000 × $\frac{4}{3} ≒ 6667$ になりますよ。

エ　2015 年の登録車数は 11 月＞ 12 月で、対前年同月増加率は 11 月＜ 12 月ですから、2014 年は明らかに<u>11 月＞ 12 月</u>となります。

よって、エは正しくいえません。

！ここがPOINT

2014 年が 11 月＜ 12 月だとすると、増加率も 11 月＜ 12 月ですから、当然 15 年も 11 月＜ 12 月になるはずですよね。

以上より、正しくいえるのはイとウで、正解は肢 3 です。

正解　3

　図はある製品の 2011 年〜2014 年における四半期ごとの在庫量と出荷量の前年同期増加率を示したものである。例えば 2014 年IV期の縦軸は約 6％であるが、これは 2014 年IV期の出荷量が 2013 年IV期の出荷量よりも約 6％増加したことを示す。この図に関わる記述ア〜ウの正誤がいずれも正しいのはどれか。

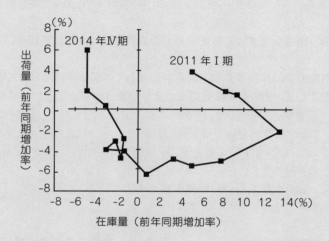

ア　2012 年はいずれの四半期も前年同期よりも出荷量は減少し、在庫量は増加している。

イ　2014 年III期の出荷量は 2011 年III期の出荷量よりも増加している。

ウ　各四半期の前年同期増加率をみると、出荷量の増加率が在庫量の増加率を超えている期が 5 期以上ある。

	ア	イ	ウ
1	正	正	誤
2	正	誤	正
3	正	誤	誤
4	誤	正	正
5	誤	正	誤

この問題は…
わりとフツー

ア　2012 年は、いずれの四半期も、縦軸はマイナス、横軸はプラスの範囲にありますから、前年同期より、出荷量は減少し、在庫量は増加しています。よって、アは正しいです。

イ　各年のⅢ期は下図の○の付いたところで、出荷量の前年同期増加率は、2012 年Ⅲ期は約 −5％、2013 年Ⅲ期は約 −3％、2014 年Ⅲ期は約 2％となります。すなわち、2011 年Ⅲ期 → 2014 年Ⅲ期は、5％減少 → 3％減少 → 2％増加ですから、明らかに減少しており、イは正しくありません。

ウ　出荷量の増加率が在庫量の増加率を超えているのは、図の直線Aより左上の領域で、この領域にあるのは、2014 年Ⅱ期〜Ⅳ期の 3 期のみで、ウは正しくありません。

❶ここがPOINT
直線Aは、在庫量と出荷量の増加率が等しくなるところです。

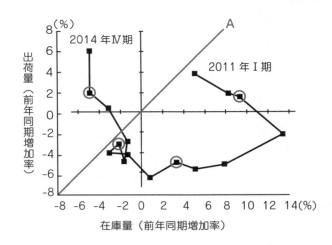

以上より、ア〜ウの正誤は、正，誤，誤となり正解は肢 3 です。

正解　▶　3

第4部　資料解釈

　ある国では、2006年に雇用形態の新制度を導入した。その効果を計測するため、2013年の人口に、新制度導入前の労働力率と就業率をかけた値を「仮想2013年」として算出した。図は、実際の2013年の労働力人口，就業者数から「仮想2013年」の労働力人口，就業者数を引いた値を示したもので、表は、実際の2013年の労働力人口と就業者数で、いずれも6つの年齢区分で示されている。

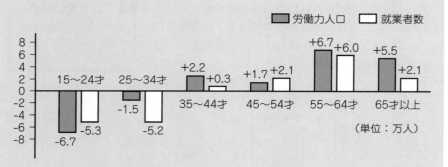

	15〜24歳	25〜34歳	35〜44歳	45〜54歳	55〜64歳	65歳以上
労働力人口	25.8	57.2	64.7	59.5	52.8	23.6
就業者数	23.7	52.1	61.2	57.3	49.5	19.8

　これについて、次の文中の下線部分ア〜オのうち正しいものは二つあるが、その組合せとして正しいものはどれか。

　労働力人口，就業者数とも、2013年のほうが「仮想2013年」より少ない年齢区分は、15〜24歳と、25〜34歳の2区分で、それ以外の4区分は2013年のほうが「仮想2013年」より多くなっている。(ア) 労働力人口については、2013年には全体で300万人を超えており、(イ)「仮想2013年」の値より10万人以上多く (ウ) なっている。また、就業者数については、2013年の実際の人数のほうが「仮想2013年」に対して10%以上多い年齢区分が1つだけ (エ) ある。

　さらに、失業者数についてみると、2013年の失業者数が「仮想2013年」より少なくなっているのは、15〜24歳と、45〜54歳の2区分 (オ) であるが、それ以外の4区分は多くなっている。

1　ア，エ
2　ア，オ
3　イ，ウ
4　イ，エ
5　ウ，オ

この問題は…
ちょっとヘン

ア　グラフは、実際の 2013 年（以下「実際」とします）から「仮想 2013 年」（以下「仮想」とします）を引いた値ですから、「実際」＞「仮想」ならプラス、「実際」＜「仮想」ならマイナスになります。

　よって、「実際」のほうが少ないのは、マイナスである、15 〜 24 歳と、25 〜 34 歳の 2 区分で、それ以外の 4 区分はプラスですから、「実際」のほうが多くなっています。

　したがって、アは正しいです。

ここで、肢 1，2 に絞られましたから、イとウはパスして大丈夫です。

イ　表より、2013 年の労働力人口は、次のようになります。

$$25.8 + 57.2 + 64.7 + 59.5 + 52.8 + 23.6 = 283.6（万人）$$

　よって、300 万人を超えておりませんので、イは正しくありません。

ウ　労働力人口の、「実際」－「仮想」を合計すると、次のようになります。

グラフの数値です。

$$-6.7 - 1.5 + 2.2 + 1.7 + 6.7 + 5.5 = 7.9（万人）$$

　よって、「実際」は「仮想」より 7.9 万人しか多くありませんので、ウは正しくありません。

エ　グラフの数値＝「実際」－「仮想」ですから、「仮想」＝「実際」－グラフの数値となりますので、「仮想」の就業者数は、表の数値からグラフの数値を引いて求められます。

　これより、55 〜 64 歳と、65 歳以上の「仮想」の就業者数を求めると、次のようになります。

（55～64歳）49.5 － 6.0 ＝ 43.5
（65歳以上）　19.8 － 2.1 ＝ 17.7

　　55～64歳では、「仮想」43.5に対して、「実際」のほうが6.0多く、65歳以上では、17.7に対して2.1多いので、いずれも10%以上多いことがわかります。
　　よって、このような区分は1つだけではありませんので、エは正しくありません。

オ　「失業者数＝労働力人口－就業者数」ですから、「仮想」に対して「実際」の失業者数が変わらなければ、労働力人口が多い分だけ就業者数も多くなります。
　　つまり、グラフの労働力人口と就業者数の数値が同じになるわけですね。
　　しかし、失業者数が多くなった場合は、労働力人口の数値 ＞ 就業者数の数値となり、失業者数が少なくなった場合は、その逆になります。
　　これより、失業者数が少なくなっているのは、グラフで労働力人口の数値 ＜ 就業者数の数値となっている区分で、15～24歳と、45～54歳の2区分であり、それ以外の4区分では失業者数が多くなっているとわかります。
　　よって、オは正しいです。

　　以上より、正しいのはアとオで、正解は肢2です。

ここがPOINT
たとえば、労働力人口が3人増えたとして、就業者が2人しか増えなかったら、失業者が1人増えているということですよね。

正解　2

図はある国の貿易に関して、全品目のうち6品目について示したものである。縦軸には貿易特化係数を、横軸にはこの国全体の貿易額（輸出額＋輸入額）に占める各品目の貿易額の割合を示している。なお、貿易特化係数とは、次の式で表せる。

$$貿易特化係数 = \frac{輸出額 - 輸入額}{輸出額 + 輸入額}$$

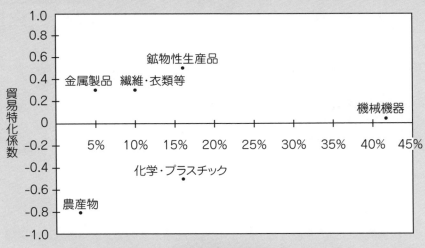

貿易額に占める割合

これに関する記述ア～オのうち、a が正しいものが二つあるが、その組合せとして正しいものはどれか。

ア 機械機器の貿易額は、他の5品目の貿易額の合計より $\begin{bmatrix} a & 多い。 \\ b & 少ない。 \end{bmatrix}$

イ 輸出額の方が輸入額より多い品目は、$\begin{bmatrix} a & 2品目 \\ b & 4品目 \end{bmatrix}$ である。

ウ 鉱物性生産品の貿易特化係数はおよそ 0.5 なので、鉱物性生産品の輸出と輸入の比はおよそ $\begin{bmatrix} a & 3:1 \\ b & 2:1 \end{bmatrix}$ である。

エ　繊維・衣類等と、金属製品の２品目を比べると、輸出から輸入を引いた額

は、$\left\{\begin{array}{l} \text{a　ほぼ同じ} \\ \text{b　繊維・衣類等が金属製品のおよそ２倍} \end{array}\right\}$である。

オ　６品目の合計では、輸出が輸入を$\left\{\begin{array}{l} \text{a　上回っている。} \\ \text{b　下回っている。} \end{array}\right\}$

1　ア，イ
2　ア，オ
3　イ，エ
4　ウ，エ
5　ウ，オ

この問題は…
ちょっとヘン

ア　各品目の貿易額の割合を読み取ると、次のようになります。

機械機器	42％
鉱物性生産品	16％
化学・プラスチック	16％
繊維・衣類等	10％
金属製品	5％
農産物	3％

　機械機器以外の５品目の合計は 42％を超えますので、機械機器の貿易額
のほうが少なく、b が正しいですね。

イ　貿易特化係数を表す式の分子（輸出額 － 輸入額）のプラスマイナスは、次
のようになります。

　　　　輸出額 ＞ 輸入額　→　プラス　　…①
　　　　輸出額 ＜ 輸入額　→　マイナス　…②

　分母はプラスですから、①の場合は貿易特化係
数がプラスに、②の場合はマイナスになります。
　これより、①に該当するのは、縦軸で 0 から上
の 4 品目となり、b が正しいです。

この時点で、ア，イを含
む肢１～３が消去され、
肢４，５に絞られました。
そうすると、ウは検討す
る必要ないですね。

246

ウ　a, b それぞれについて、貿易特化係数を確認すると次のようになります。

a　3：1 の場合　$\dfrac{3-1}{3+1} = \dfrac{2}{4} = \dfrac{1}{2}$

b　2：1 の場合　$\dfrac{2-1}{2+1} = \dfrac{1}{3}$

よって、a が正しいです。

ちなみに、輸出額を x、輸入額を y として、貿易特化係数 $0.5 = \dfrac{1}{2}$ について式を立てると、次のように求められます。

$$\dfrac{x-y}{x+y} = \dfrac{1}{2}$$
$$(x-y):(x+y) = 1:2$$
$$2(x-y) = (x+y)$$
$$2x - 2y = x + y$$
$$x = 3y \quad \therefore x:y = 3:1$$

エ　繊維・衣類等と、金属製品は、貿易特化係数はほぼ同じです。

しかし、貿易額は繊維・衣類等が金属製品のおよそ 2 倍なので、貿易特化係数の分母がおよそ 2 倍ということになります。そうすると、分子（輸出額から輸入額を引いた値）もおよそ 2 倍になりますので、b が正しいです。

> **❗ここがPOINT**
> 分母，分子ともおよそ 2 倍なら、分数の値はほぼ同じになりますよね。

オ　貿易特化係数を表す式より、次のようにわかります。

$$貿易特化係数 = \dfrac{輸出額 - 輸入額}{貿易額}$$

両辺に「貿易額」をかけて、
　　貿易額 × 貿易特化係数 ＝ 輸出額 － 輸入額

これより、縦軸の値（貿易特化係数）と横軸の値（貿易額）の積が、その品目の「輸出額－輸入額」、すなわち、「貿易黒字」を表すことがわかります。

たとえば、鉱物性生産物の貿易額は全体の約 16％ で、貿易特化係数は 0.5 ですから、貿易額全体の <u>16％ × 0.5 ＝ 8（％）</u> に当たる貿易黒字があることになります。

　　これより、それぞれの品目の貿易黒字（縦軸 × 横軸）について、プラスとマイナスのどちらが大きくなるかを調べると、<u>鉱物性生産物と化学・プラスチックがほぼ相殺されます</u>ので、残る品目について見ると、明らかに<u>プラスのほうが大きく</u>なります。

　　よって、6 品目の合計では、輸出額が輸入額を上回り、a が正しいです。

　　以上より、a が正しいのはウとオで、正解は肢 5 です。

> ウで確認したように、輸出額：輸入額＝ 3 : 1 ですから、16％ を 3 : 1 に分けると、12％ と 4％ で、その差は 8％ と確認できますね。

> 化学・プラスチックも、貿易額は約 16％ で、貿易特化係数は −0.5 ですから、その積は −8％ になりますね。

> マイナスは、農作物の 3％ × （− 0.8）＝ −2.4％ だけですから、繊維・衣類等の 10％ × 0.3 ＝ 3％ だけでも、プラスのほうが大きいとわかりますね。

正 解 ▶ 5

　図は、ある国の製造業8種に関する設備投資動向を調査した結果であり、横軸は2010年の構成比を、縦軸は設備投資額の2010年に対する2011年の増加率を示している。この図に関する次の文中の下線部分ア～オには正しいものが二つあるが、それらの組合せとして正しいものはどれか。

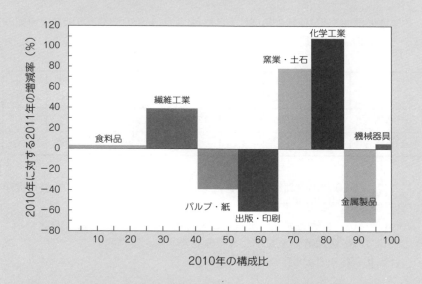

　2010年に対する2011年の設備投資額の変化を見ると、5業種が増加、3業種が減少しており、設備投資額が2倍以上になった業種は1業種、半分以下になった業種はァなかった。

　各業種の設備投資の増減額の大小は、2010年の構成比と2011年の増減率から比較することができる。例えば「繊維工業」「窯業・土石」の増加額を比較すると、2010年の構成比がそれぞれ約15%，10%、2011年の増減率はそれぞれ約40%，80%なので、2011年の対前年増加額はィ「窯業・土石」の方が多いことが分かる。同様の考え方で2011年度を推測すると、8業種全体として設備投資額がゥ減少している。また、8業種それぞれの対前年増減額を考慮すると、2011年の構成比を知ることができ、2011年の構成比が最大なのがェ「食料品」、最小なのがォ「機械器具」である。

1　ア，ウ
2　ア，オ
3　イ，エ
4　イ，オ
5　ウ，エ

この問題は…
ちょっとヘン

8業種の横軸（2010年の構成比）と縦軸（2011年の増減率）の数値を読み取ると、次のようになりますね。

	食料品	繊維工業	パルプ・紙	出版・印刷	窯業・土石	化学工業	金属製品	機械器具
2010年構成比	25%	15%	13%	12%	10%	10%	10%	5%
2011年増減率	3%	40%	－40%	－60%	80%	110%	－70%	5%

ここで、2010年の設備投資額の合計を100とすると、各業種の設備投資額は構成比の数値で表せます。

> たとえば、食料品は25と表せるということです。

さらに、2011年の各業種の設備投資額は2010年の値に（1＋増減率）をかけた値で表せますので、計算すると次のようになります。

食料品　　　　$25 \times (1 + 0.03) = 25 \times 1.03 = 25.75$
繊維工業　　　$15 \times (1 + 0.4) = 15 \times 1.4 = 21.0$
パルプ・紙　　$13 \times (1 - 0.4) = 13 \times 0.6 = 7.8$
出版・印刷　　$12 \times (1 - 0.6) = 12 \times 0.4 = 4.8$
窯業・土石　　$10 \times (1 + 0.8) = 10 \times 1.8 = 18.0$
化学工業　　　$10 \times (1 + 1.1) = 10 \times 2.1 = 21.0$
金属製品　　　$10 \times (1 - 0.7) = 10 \times 0.3 = 3.0$
機械器具　　　$5 \times (1 + 0.05) = 5 \times 1.05 = 5.25$

これより、ア〜オについて確認します。

ア　「出版・印刷」と「金属製品」の2業種については、50% 以上減少してい
　ますので、半分以下になっています。
　　よって、アは正しくありません。

イ　前述の計算によると、「繊維工業」の増加額は 21.0 − 15.0 ＝ 6.0、「窯業・
　土石」の増加額は 18.0 − 10.0 ＝ 8.0 で、後者の方が多いとわかります。
　　よって、イは正しいです。

ウ　前述の 2011 年の値を合計すると 106.6 となり、2010 年の 100 より増加
　しています。
　　よって、ウは正しくありません。

エ　前述の計算より、2011 年の設備投資額が最大なのは「食料品」ですから、
　同年の構成比も「食料品」が最大です。
　　よって、エは正しいです。

オ　同様に、最小は「金属製品」となります。
　　よって、オは正しくありません。

　以上より、正しいのはイ，エで、正解は肢 3 です。

正 解　3

　図は、2010 年 1 月から 6 月における、ある製品の生産数，輸出数，国内販売数の対前年同月比伸び率を示したものである。これに対する下の記述について、文中のア〜エに入るものがすべて正しいのはどれか。

　ただし、生産した製品はすべてその月のうちに輸出または国内販売をしてしまうものとする。

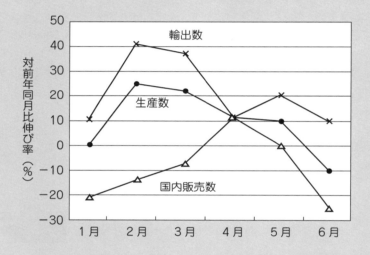

　1 月についてみると、前年 2009 年の同月に比べて、輸出数は約 10％増え、国内販売数は約 20％減っているのに対し、これらの合計である生産数がほとんど変わっていない。このことから、2009 年 1 月の輸出数が国内販売数の　ア　程度であり、2010 年にはその差がさらに　イ　したことが分かる。他の月についても同様に分かるが、　ウ　月だけ、この図からは輸出数と国内販売数を比較することができない。

　この製品の生産数についてみると、2010 年 1 月から 6 月では、6 月を除いていずれの月も前年同月より増加しているので、2009 年 6 月の生産数が 2009 年の他の月と比べて極端に　エ　ない限り、この半年間の生産数は 2009 年の同じ半年間の生産数より増加していると考えられる。

	ア	イ	ウ	エ
1	半分	拡大	4	少なく
2	半分	縮小	5	多く
3	2倍	拡大	4	多く
4	2倍	拡大	5	少なく
5	2倍	縮小	4	少なく

この問題は…
ちょっとヘン

まず、問題文の前半について検討します。

2009年1月の輸出数を x、国内販売数を y とします。2010年は、輸出数が約10％増え、国内販売数が約20％減ったので、それぞれ $1.1x$、$0.8y$ と表せますね。

そうすると、その合計である生産数が2009年と2010年でほとんど変わっていませんので、これをイコールで結んで次のように方程式を立てます。

$$x + y = 1.1x + 0.8y$$
$$両辺を10倍して、\quad 10x + 10y = 11x + 8y$$
$$\therefore x = 2y$$

これより、2009年の輸出数は、国内販売数の約2倍であったことがわかります。

そして、2010年は、輸出数がさらに増え、国内販売数が減少していますので、その差は拡大していることになりますね。

このように、輸出数と国内販売数の伸び率と、その合計である生産数の伸び率から、他の月についても、2009年の輸出数と国内販売数の割合を求めることはできます。

ただし、4月については、輸出数と国内販売数の伸び率がともに約11％で、ほぼ同じです。両方とも約11％伸びたわけですから、当然その合計である生産数も約11％の伸び率を示すことになります。

すなわち、この月については、2009年の輸出数と国内販売数の割合がいくらであっても同じなので、他の月のように割合を調べることはできません。

次に、後半について検討します。

2010年1〜6月の生産数についてみると、6月のみ前年同月より減少で、他の月は増加していますから、普通に考えれば、この半年間は前年に比べて増

加していると思われます。

しかし、2009 年 6 月の生産数が、他の月に比べて極端に多かった場合、<u>2010 年は、その 6 月の減少数だけで、他の月の増加数の合計を上回る可能性</u>があります。

したがって、このような場合を除けば、2010 年のこの半年間は前年より生産数が増加していると考えることができるわけです。

以上より、ア〜エには、次のように入り、正解は肢 3 です。

ア → 2倍　　イ → 拡大　　ウ → 4　　エ → 多く

⚠ここがPOINT

たとえば、1〜5 月の生産数がそれぞれ 100 個で、6 月が 1 億個とかの場合、1〜5 月の増加分なんて微々たるもので、6 月の減少分にかなわないですよね。

正解　3

　図は、ある地域の 2003 年から 2008 年までに開業した、ソフト系 I T 産業の事業所数について、1 年目，2 年目，4 年目の存続率（廃業せずに存続している事業所数の割合）を示したものである。これに関する記述ア～ウの正誤について、すべて正しく示しているのはどれか。

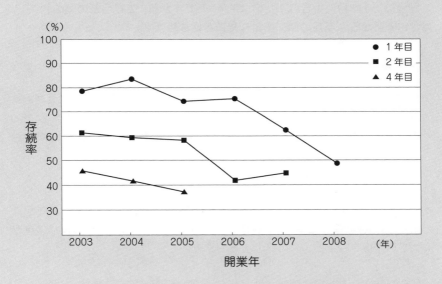

ア　2005 年に開業し 2 年目に廃業せずに存続していた事業所で、その後 2 年以内に廃業した事業所が半数以上ある。

イ　2003 年から 2007 年について、開業後 1 年目に廃業した事業所数より、2 年目に廃業した事業所数の方が多い年が 2 年ある。

ウ　2003 年から 2008 年に開業した事業所のうち、半数以上の事業所が 2009 年末までに廃業している。

	ア	イ	ウ
1	正	正	誤
2	正	誤	正
3	誤	正	正
4	誤	正	誤
5	誤	誤	正

この問題は…
ちょっとヘン

グラフの読み方から確認します。

たとえば、2003 年のグラフをみると、「1 年目」が約 78％、「2 年目」は約 61％、「4 年目」は約 45％と読み取れます。

これは、2003 年に開業した事業所のうち、1 年目に廃業せずに生き残った事業所が約 78％あり、2 年目にも生き残ったのは約 61％ということですから、その差である約 17％は、1 年目から 2 年目の間に廃業してしまったということですね。

同様に、4 年目に生き残ったのは約 45％ですから、2 年目との差の約 16％は、2 年目から 4 年目の間に廃業したことになります。

これを確認したところで、ア～ウを検討します。

ア　2005 年に開業した事業所の 2 年目の存続率は約 58％で、4 年目の存続率は約 37％ですから、2 年目から 4 年目の 2 年間でおよそ 58 － 37 ＝ 21（％）の事業所が廃業したことになりますが、2 年目に存続していた約 58％の半数には及びません。

　　　よって、アは「誤」です。

イ　1 年目に廃業した事業所の割合は「100％ － 1 年目の存続率」、2 年目は「1 年目の存続率 － 2 年目の存続率」で求められますので、前者より後者が大きい年度を探すと、次の 2 年があります。

（2004 年）　1 年目に廃業　⇒　100 － 83 ＝ 17（％）
　　　　　　　2 年目に廃業　⇒　83 － 59 ＝ 24（％）
（2006 年）　1 年目に廃業　⇒　100 － 75 ＝ 25（％）
　　　　　　　2 年目に廃業　⇒　75 － 41 ＝ 34（％）

　　　よって、イは「正」です。

ウ　2003，2004，2005 年に開業した事業所の 4 年目の存続率はいずれも 50％に満たないので、2009 年末までに、半数以上が廃業しているとわかります。

　　　また、2006，2007 年に開業した事業所の 2 年目の存続率、2008 年に開業した事業所の 1 年目の存続率も同様で、いずれも 2009 年末までに半数以上が廃業していることになります。

　　　よって、ウは「正」です。

以上より、正解は肢 3 です。

正 解　3

著者プロフィール

畑中敦子

大手受験予備校を経て、1994年より、LEC東京リーガルマインド専任講師として、公務員試験数的処理の受験指導に当たる。独自の解法講義で人気を博し、多数の書籍を執筆した後、2008年に独立。
現在、(株)エクシア出版代表取締役として、執筆、編集、出版活動を行っている。

Staff

編集
堀越美紀子

ブックデザイン・カバーデザイン
越郷拓也　渡邉成美

校正
高山ケンスケ　西川マキ

編集アシスト
平井美恵　小野寺紀子

エクシア出版の正誤情報は、こちらに掲載しております。
https://exia-pub.co.jp/
未確認の誤植を発見された場合は、下記までご一報ください。
info@exia-pub.co.jp
ご協力お願いいたします。

畑中敦子の
地方上級・A日程
出る順 数的処理

2020年4月7日　初版第1刷発行

著　者：畑中敦子
　　　　© Atsuko Hatanaka 2020 Printed in Japan

発行者：畑中敦子

発行所：株式会社 エクシア出版
　　　　〒101-0031　東京都千代田区東神田2-10-9-8F

印刷・製本：中央精版印刷株式会社

ISBN 978-4-908804-48-9　C1030

寺本康之シリーズ

寺本康之の
政治学 ザ・ベスト プラス

寺本康之の
行政学 ザ・ベスト プラス

寺本康之の
社会学 ザ・ベスト プラス

寺本康之の
民法I ザ・ベスト プラス
総則・物権［第2版］

寺本康之の
民法II ザ・ベスト プラス
債権・家族［第2版］

寺本康之の
憲法 ザ・ベスト プラス

寺本康之の
行政法 ザ・ベスト プラス

寺本康之の
小論文バイブル（年度版）

エクシア出版　https://exia-pub.co.jp/